Arena-Taschenbuch
Band 2296

Erhard Dietl,
geboren 1953 in Regensburg, studierte Grafik und lebt heute als freier Autor und Illustrator in München. Neben zahlreichen Kinder- und Jugendbüchern, die in viele Sprachen übersetzt und mehrfach ausgezeichnet wurden, veröffentlichte er CDs und ein Kindermusical.

Von Erhard Dietl ist als Arena-Taschenbuch erschienen:
Die Kicherkiste. Die besten Witze zum Schieflachen und Weitersagen (Band 2297)

Der Kicherkönig

Noch mehr Witze zum Schieflachen und Weitersagen

Gesammelt und illustriert
von Erhard Dietl

Arena

In neuer Rechtschreibung

1. Auflage als Arena-Taschenbuch 2005

Die Einzeltitel »Der Witzexpress« und »Der Witzballon«
des vorliegenden Sammelbandes erschienen erstmals
beim Franz Schneider Verlag, München.
Umschlag- und Innenillustration: Erhard Dietl
Umschlagtypografie: knaus. büro für konzeptionelle und visuelle
identitäten, Würzburg
Gesamtherstellung: Westermann Druck Zwickau GmbH
ISSN 0518-4002
ISBN 3-401-02296-2

www.arena-verlag.de

Inhalt

Da fliegt uns gleich das Blech weg

»In dem Rosinenbrötchen gestern war eine Fliege«, beschwert sich Frau Einhenkel.
»Ist gut«, sagt Bäckermeister Zips. »Bringen Sie die Fliege zurück, dann tausch ich sie Ihnen um gegen eine Rosine.«

*

»Unser Kanarienvogel hat Benzin gesoffen!«
»Und?«
»Er flog dreimal durchs Zimmer, dann stürzte er ab.«
»Tot?«
»I wo. Das Benzin war aus.«

*

Treffen sich zwei Zwerge.
»Was treibst du?«, fragt der eine.
»Bin Clown im Zirkus. Und du?«
»Ich bin Testfahrer bei Matchbox!«

*

Die kleine Susi kommt im Kaufhaus zum Informationsstand und sagt: »Sie, wenn eine furchtbar aufgeregte Frau kommt und sagt, sie hat ihr Kind verloren, dann sagen Sie ihr, ich bin in der Spielwarenabteilung.«

*

Vater hat beschlossen, dass alle Dösköpps zum Friseur müssen.
Denen stinkt das. Drum werden sie dem Friseur eins auswischen.
»Weißt du, was«, sagt Heini Dösköpp zu Bubi, seinem jüngeren Bruder, »du schlägst mir jetzt drei lange Nägel in den Kopf, dann ist dem blöden Friseur seine Haarschneidemaschine gleich im Eimer.«
Bubi Dösköpp holt Hammer und Nägel und schlägt dem Heini einen Nagel nach dem anderen in den Kopf.
»Warum zuckst du dauernd?«, fragt er.
»Weil ich Angst habe, du haust daneben«, meint Heini.

*

»Ich hab es satt, Tag für Tag da herumzuhängen«, sagte die Glühbirne und brannte durch.

Die Tür von Opa Krauses Krämerladen klemmt.
Opa Krause kann das nicht haben. Darum telefoniert er mit dem Schreinermeister Holzhammer.
»Können Sie das in Ordnung bringen?«
»Aber klar«, sagt Schreinermeister Holzhammer und macht sich auf den Weg zu Opa Krauses Krämerladen.
Dort besieht er sich die Sache. Dann schreibt er ein schönes, großes Plakat: »Laden geöffnet – Nur die Türe klemmt!«
Nun kann er beruhigt nach Hause gehen.

*

Der Fernsehflicker kommt zu unserer Tante Emilie.
»Sie haben mich rufen lassen. Wo fehlt's«, fragt er.
»Nein, nein«, sagt die Tante Emilie. »Sie können wieder gehen. Die Sache ist schon in Ordnung. Mein Mann und ich hatten gestern nur die Brillen verwechselt.«

*

Doktor Balduin untersucht Herrn Kleinlein.
»Ja, Mann, Sie haben ja einen Reisewecker im Bauch!«, sagt der Doktor.
»Weiß ich, weiß ich«, antwortet Herr Kleinlein. »Den hab ich verschluckt, als ich noch ein kleines Kind war.«
»Ja, du lieber Gott! Haben Sie da nie Schwierigkeiten gehabt?«
»Eigentlich nicht. Nur manchmal beim Aufziehen.«

Da arbeiten so zwei Typen auf der Landstraße. Der eine schaufelt ein Loch. Der andere schaufelt es wieder zu. Dann gehen sie zehn Schritte weiter. Der eine schaufelt wieder ein Loch, der andere schaufelt es zu. Und das tun sie den ganzen Nachmittag lang.
Kommt einer daher und fragt: »He! Was soll denn der Quatsch?«
»Ja, eigentlich sind wir drei«, sagt einer von den Typen. »Aber der dritte, der die Telegrafenstangen ins Loch stecken soll, ist heute krank.«

*

Was kann man nicht zum Frühstück essen?
Das Mittag- und das Abendessen.

Bubi Döskopp rennt wild im Hof herum und fuchtelt mit einem Kaffeesieb.
»Was tust du da?«, wird er gefragt.
»Ich fange Futies!«
»Futies? Was ist das?«
»Kann ich erst sagen, wenn ich mal einen gefangen hab!«

*

»Herr Doktor, es ist entsetzlich! Ich hab die ganze Nacht geträumt, ich sei ein Pferd! Und ich sei in einem Stall und hätte die ganze Nacht Heu gefressen! Hab ich geträumt.«
»Ja, und was ist da so schlimm daran?«
»Ja, und als ich am Morgen aufgewacht bin, da fehlte die Hälfte der Matratze!«

*

Theodor ödet seine Freunde mit Urlaubserinnerungen an.
»Als wir den Steig erklommen hatten«, sagt er, »gähnte vor uns der Abgrund.«
»Was? Schon bevor du da warst?«, fragt Annette.

*

»Wenn du deine Hände suchst«, sagt der Meister, »die sind in deiner Hosentasche!«
»Wees ik«, sagt der Azubi. »Ick hab sie ja selba hineingesteckt.«

Nach der Tabelle hat Hugo so viel Übergewicht, dass er eigentlich zwei Meter dreißig groß sein müsste.
Aber er kann essen, soviel er will, er wächst nicht mehr.

*

»So weit geht es mir gut«, sagt Frau Weckerle. »Nur das Atmen macht mir Beschwerden.«
»Keine Angst«, erwidert Doktor Pfannenstiel. »Das kriegen wir auch noch weg.«

*

»Warum ziehst du immer ein Seil hinter dir her?«, wird Bubi Dösköpp gefragt.
»Na und? Schieben kann ich es nicht!«

*

Herr Kleinlein möchte ins Kino. Er geht an die Kasse und kauft eine Karte. Nach einer Minute ist er schon wieder an der Kasse und kauft noch eine Karte. Und so geht das fünf Mal.
Beim fünften Mal aber fragt das Fräulein an der Kasse:
»Sagen Sie einmal, wozu brauchen Sie so viele Karten?«
»Weil da am Eingang so ein frecher Mensch steht«, sagt Herr Kleinlein, »der zerreißt mir immer meine Karten!«

*

»Und was fehlt Ihnen?«, fragt Doktor Seelwurm den Patienten.
»Herr Doktor, an mir laufen überall weiße Grillen auf und ab«, sagt der Patient und putzt sich den Ärmel ab.
»Aber zum Donnerwetter, doch nicht auf mich!«, sagt Doktor Seelwurm und tritt einen Schritt zurück.

*

Warum gehen die Dösköpps immer zu dritt spazieren?
Einer kann lesen der andere kann schreiben, und der dritte ist stolz darauf, dass er mit so gescheiten Menschen spazieren gehen darf!

*

»Was gibt's heute?«, fragt die Löwenfamilie in der Wüste.
»Menschenauflauf«, sagt die Löwenmami.
»Schon wieder!«, maulen die Löwenkinder. »Können wir nicht den Großwildjäger kriegen, der gestern zu uns gekommen ist?«
»Nein, den gibt's nicht«, sagt die Löwenmutter. »Der kommt aus einer Großstadt. Die ist giftig.«

*

»Meista, das ganze Bier läuft aus dem Fass!«, brüllt der Azubi.
»Jessas, Jessas! Seit wann denn das?«
»Seit ich die Preisschilder draufgenagelt hab!«

*

»Endlich mal was Erfreuliches in der Zeitung«, sagt der Maurer und packt sein Schinkenbrot aus.

*

»Und sind die Schuhe auch garantiert wasserdicht?«
»Aber ja. Die sind aus echtem Rindsleder. Und die Kühe sind ja auch wasserdicht. Sonst würde es in die Milch regnen!«

*

Herr Schmalstich kommt zu Professor Seelwurm.
»Herr Professor, ich hab ein Pferd im Kopf!«
»Kein Problem«, sagt Professor Seelwurm, »das operieren wir raus.«
Schmalstich wird also operiert. Und damit er auch sieht, dass die Operation gelungen ist, führen sie ihm nachher einen Schimmel vor.
Doch Schmalstich jault auf:
»Alles umsonst! Alles umsonst! Den Schimmel hat mein Nachbar bei mir eingestellt. Was mich stört, ist der braune Wallach!«

*

»Was? Kreislaufbeschwerden haben Sie?«, sagt der Feldwebel. »Das macht gar nichts. Bei uns wird nur geradeaus marschiert!«

*

Dösköpps spielen Mensch ärgere dich nicht.
Auf einmal ruft Bubi Dösköpp: »Schach!«
»Halt die Klappe!«, brüllt Vater Dösköpp. »Bei Halma gibt es doch keinen Elfmeter!«
»Wieso?«, meint Mama Dösköpp. »Spielen wir nicht Tennis?«
»Ach was!«, meint Heini. »Sonst könnte Vater doch nicht dauernd die Mühle zumachen.«
»Ich hätt mir's denken können«, sagt Mama Dösköpp. »Es hat ja keiner einen Schläger dabei.«

*

Bubi Dösköpp steht im Wohnzimmer und hat eine Gießkanne in der Hand.
»Was machst du da?«, fragt Heini Dösköpp.
»Ich gieße Blumen, das siehst du doch!«
»Mann, dir ist nicht zu helfen! Hast du noch nicht gemerkt, dass das künstliche Blumen sind?«
»Und hast du noch nicht gemerkt, dass ich deshalb auch kein Wasser in der Kanne hab!«

*

»Sie sind geheilt. Ihre Minderwertigkeitskomplexe sind so ziemlich weg. Und hier ist die Rechnung!«, sagt Professor Seelwurm.
»Knete willst du?«, sagt der Patient. »Du hast vielleicht einen Schaltfehler, du beschissener Grufti. Mach bloß die Fliege!«

»Herr Professor«, sagt die Dame zu Doktor Seelwurm, »unser Karlchen hält sich für den bösen Wolf. Was sollen wir tun?«
»Vor allem aufpassen«, sagt Doktor Seelwurm, »dass die Großmutter nicht auf Besuch kommt!«

*

»Und jetzt wäschst du den Fisch!«, sagt der Chefkoch zum Lehrling Hein.
»So ein Schwachsinn«, sagt Hein, »wo die Fische sowieso ihr ganzes Leben im Wasser gewesen sind!«

»Computer zum halben Katalogpreis!« steht groß am Schaufenster bei Radio Flicker.

»Glatter Wahnsinn so was«, meint Kurti und geht ins Geschäft hinein.

»Also, Leute«, sagt er. »Was kostet bei euch ein Katalog?«

*

Herr Meisenbrinck ist stocksauer.

In der Zeitung steht, dass die prominentesten Leute unserer Stadt von einem Trickbetrüger hereingelegt worden sind.

Und Meisenbrinck ist nicht dabei!

*

Dösköpps spielen das große Birnenspiel.

Wie das geht?

Alle Dösköpps klettern auf einen Baum.

Nur einer bleibt unten und ruft dann: »Reif!«

Dann fallen die anderen herunter.

*

»Könnte ich bitte hundert Gramm gemischte Nüsse haben?«, sagt unsere Tante Emilie.

»Aber ja«, antwortet Herr Krause, der Krämer.

»Und passen Sie auf«, sagt Tante Emilie, »dass nicht so viele Kokosnüsse dabei sind!«

»Jetzt habt ihr gegen den FC Tiefenbach wieder 0 : 6 verloren. Genau wie im vergangenen Jahr!«
»Da siehst du's«, antwortet der Trainer. »Mehr ist bei denen nicht drin!«

*

»Willst du, dass ich dir bei den Hausaufgaben helfe?«, fragt der Papa.
»Nein. Der Lehrer sagt, wir sollen unsere Fehler selber machen. Sonst lernen wir nichts.«

*

Baldur, mit dem man alles machen kann, kommt pitschnass heim.
»Was habt ihr bloß wieder angestellt«, tadelt Mami.
»Wir haben ›Hund‹ gespielt.«
»Aber davon wird man doch nicht so nass!«
»Doch. Ich hab den Laternenpfahl machen müssen«, sagt Baldur.

*

Sie nennen ihre Lieblingstiere.
»Und was ist dein Lieblingstier?«, wird Heiner gefragt.
»Das halbe Hähnchen«, antwortet Heiner.

*

Es ist Jahrmarkt und Herr Nüsslein sitzt in einem Karussell auf einem Holzpferd und fährt und fährt. Er ist schon gelb und grün im Gesicht und fährt immer noch und hört nicht auf.
»Steigen Sie doch ab«, ruft man ihm zu.
»Ich denk nicht dran«, sagt Herr Nüsslein. »Der Karussellbesitzer schuldet mir tausend Mark. Und ich fahre jetzt so lange, bis ich mein Geld eingefahren hab!«
»Wo ist deine Armbanduhr?«
»Wahrscheinlich schon zu Hause. Die geht nämlich immer vor!«

*

»Herr Doktor«, sagt unser Bernhard zum Doktor Pfannenstiel, »mir geht es hundsmiserabel. Ich muss arbeiten wie ein Ochse. Nach jedem Essen ist es mir sauschlecht. Abends bin ich müde wie ein Pferd. Und nachts schwitze ich wie ein Schwein!«
»Hör mal«, sagt Doktor Pfannenstiel. »Da bist du bei mir falsch. Du musst zum Tierarzt!«

*

Frau Weckerl macht Terror beim Gemüsehändler Knolle.
»Vier Kilo Trauben habe ich gestern bestellt. Vier Kilo haben Sie mir auch berechnet. Aber geliefert haben Sie nur zwei Kilo.«
»Das geht schon in Ordnung«, sagt Herr Knolle. »Die Hälfte war schon faul. Die haben wir dann gleich für Sie weggeworfen.«

Baldur, mit dem man alles machen kann, kommt heim.
»Du siehst ja schon wieder fürchterlich aus!«, jammert Mutti.
»Was habt ihr gespielt?«
»Indianer.«
»Und du warst schon wieder am Marterpfahl?«
»Nein. Musste Friedenspfeife rauchen.«

*

»Wie viel Geld brauchen Sie zum Leben?«, fragt man den Schriftsteller.
»Keine Ahnung«, sagt der. »Ich habe noch nie so viel gehabt.«

Drei Schildkröten, Heribert, Detlev und Balduin, sitzen in der Roxy-Bar und lassen sich voll laufen.
Da beginnt es draußen zu regnen und einer muss die Regenschirme holen.
Wie immer trifft es Balduin.
Er mault zwar. Aber nachdem ihm die beiden anderen geschworen haben seinen Whisky nicht anzurühren, macht er sich auf den Weg.
Und dann dauert es und dauert es. Nachdem zwei Tage um sind, meint Heribert zu Detlev:
»Du, das wird doch nichts mehr. Wir trinken dem Balduin seinen Whisky aus und gehen so heim.«
Da kommt von der Türe her ein Stimmchen:
»Hab ich euch erwischt! Also, wenn ihr das tut, dann könnt ihr euch die Regenschirme selber holen!«

*

»Wie viel wiegst du?«, wird Hubertus gefragt.
»Zweiundvierzig Kilo mit Brille«, sagt Hubertus.
»Wieso mit Brille? Die ist doch hier nicht wichtig.«
»Doch, ohne Brille kann ich die Waage nicht ablesen.«

*

Wie fängt man Kaninchen?
Man setzt sich hinter einen Busch und macht ein Geräusch wie ein Salat.

Bei Top-Chemo-Chemie haben sie endlich das unfehlbare Insektenvernichtungsmittel erfunden!
Man muss nur noch alle Bäume und Pflanzen mit dem Zeug besprühen, dann verdorrt alles und die Insekten verhungern elendiglich.

*

Theodor, der Großangeber, posaunt herum:
»Das Rauchen! Wenn ich mir nur das Rauchen abgewöhnen könnte!«
»Versuch's doch mal mit Kaugummi!«, rät man ihm.
»Hab ich auch schon«, sagt Theodor. »Aber der Kaugummi brennt so schlecht.«

»Kennst du mich?«, fragt Tante Emilie, als sie zu Besuch kommt.
»Aber klar«, sagt unser Trudilein, »du bist die Tante, die auch schon das letzte Mal nichts mitgebracht hat.«

*

Was ist gelb, weich und dreht sich und dreht sich?
Ein Omelett auf einem Plattenspieler.

*

Omilein geht mit Klausi spazieren.
Da treffen sie einen älteren Herrn – und Klausi streckt ihm die Zunge hin.
»Aber Klausi!« Omilein ist entsetzt. »Das darfst du doch nicht.«
»Darf ich schon«, sagt Klausi. »Das ist der Doktor Pfannenstiel, der hat das gern.«

*

»Nobody is perfect«, sagt der Neunhundertneunundneunzigfüßler.

*

Was haben Behörden mit Bluejeans gemeinsam?
An den wichtigen Stellen sitzen Nieten.

Was ist, wenn ein Chinese auf einen Baum steigt?
Dann sitzt ein Chinese auf einem Baum.
Was ist, wenn zwei Chinesen auf einen Baum steigen?
Dann sind auf der Erde zwei Chinesen weniger.
Was ist, wenn drei Chinesen auf einen Baum steigen?
Dann bricht der Ast ab.

*

Für scharfe Denker:
Der Vater wiegt 80 Kilo.
Die Mutter wiegt 60 Kilo.
Was wiegt die Säuglingsschwester?
Die Säuglingsschwester wiegt das Baby.

*

In der Schule haben sie den Edison durchgenommen. Kurtchen, das Technikgenie, ist immer noch hin- und hergerissen.
»Und stellt euch vor«, tönt er beim Mittagessen. »Wenn wir den Edison nicht gehabt hätten, dann müssten wir mit Petroleum fernsehen!«

*

Weiß wirft man es an die Decke. Und gelb kommt es herunter. Was ist das?
Ein rohes Ei.

Anfrage an den Leserbriefkasten unseres HEIMATKURIERS: »Unser kleiner Liebling spuckt regelmäßig seinen Spinat aus. Was sollen wir tun?«
Antwort: »Schaffen Sie sich grüne Tapeten an.«

*

Jammert der Orchesterdirigent:
»Wenn in unserer Stadt eine Hustenepidemie herrscht, dann geht kein Mensch zum Arzt. Dann kommen alle ins Konzert!«

*

»Ist dieses Hemd bügelfrei?«, fragt der Kunde.
»Aber klar«, sagt die neue Verkäuferin. »Ich habe vor dem Einpacken alle Bügel herausgenommen.«

*

Und da war dann noch der Mann, der neulich im Autokino erfroren ist, weil er vier Tage lang auf den Film IM WINTER GESCHLOSSEN! gewartet hat.

Endlich hat der Reporter den berühmten Fachmann vor dem Mikrofon.

»Welche Schritte würden Sie uns anraten«, fragt der Reporter, »wenn aus unserer Top-Chemo-Chemiefabrik Gase entströmen?«

»Lange und schnelle Schritte«, antwortet der Fachmann.

*

»Und du behauptest, dass du gestern arbeitsunfähig warst«, donnert der Meister.

»Ja, schon«, sagt Hannes.

»Es gibt aber Leute, die haben dich vormittags am Stadtbrunnen gesehen.«

»Kann schon sein.«

»Und am Nachmittag warst du im Baggersee baden.«

»Na ja.«

»Und abends bist du in der Roxy-Disco gewesen. Erklär mir das einmal!«

»Schon. Aber was tut man nicht alles, wenn man arbeitsunfähig ist!«

*

»Mensch, gestern war ich in einem Film . . . einfach unvergesslich!«

»Und wie hieß er?«

»Das weiß ich nimmer.«

Die Dösköpps gehen spazieren und finden einen alten Fahrradlenker.

Da marschiert der alte Dösköpp vorneweg, den Lenker in der Hand, die anderen hintendrein.

Als sie an einer Tankstelle vorbeikommen, gehen sie hin und der Alte sagt: »Superbenzin, den Tank bitte voll machen!«

Da meint der Tankwart: »Bei euch tickt's wohl nicht richtig?«

»Siehst du«, sagt Mutter Dösköpp. »Ich hab's ja schon immer gesagt. Kaum hat man ein Auto, schon gehen die Reparaturen los!«

»Hab ich Ihr Gesicht nicht schon einmal woanders gesehen?«
»Kaum. Ich trag es immer hier oben.«

*

Tanja kommt mit ihrem Dackel zum Uhrmacher.
»Herr Schlag«, sagt sie, »können Sie einmal meinen Nicki ansehen?«
»Wieso ich?«, fragt der Uhrmacher.
»Weil er alle fünf Minuten stehen bleibt«, sagt Tanja.

*

»Ich habe Ihnen gesagt, Sie sollen den Vertrag Punkt für Punkt überprüfen. Ist das geschehen?«, fragt der Herr Direktor seine Sekretärin.
»Ja«, sagt sie. »Es sind zusammen mit allen i-Punkten genau 599 Punkte.«

*

Zwei Fallschirmspringer sausen zur Erde hinunter. Der eine ist ein Profi, der andere Anfänger.
»Mensch!«, brüllt der Profi. »Öffne doch den Schirm!«
»Wieso?«, brüllt der Anfänger zurück. »Regnet es?«

*

ROMA
SYLT
PFAFFENHOFEN
LONDON
NY
PARIS
Madrid

Herr Mühlenbrinck ist der Bigboss unter den Managern. Und deshalb kann er nicht einschlafen.

»Wissen Sie, was«, sagt Dr. Pfannenstiel zu ihm, »in so einem Falle müssen Sie Schäfchen zählen.«

»Na, hat es geholfen?«, fragt einige Tage später Dr. Pfannenstiel.

»Nein«, sagt Herr Mühlenbrinck. »Zuerst habe ich exakt fünftausend Schafe gezählt. Dann stellte sich das Problem, dass ich die Tiere irgendwo unterbringen muss. Als das erledigt war, brauchte ich Leute, die sie scheren. Dann war Futter zu organisieren. Die Finanzierung des Projektes musste überlegt werden . . . Kurzum: Ich habe die ganze Nacht kein Auge zugemacht.«

*

Kurtchen, das Technikergenie, kommt begeistert nach Hause. Beim Trödler hat er eine ganz tolle Sache entdeckt: »Stellt euch vor«, sagt er, »da gibt es jetzt einen Plattenspieler ganz ohne Stromanschluss. Man muss nur an einer Kurbel drehen. Dann läuft er!«

*

»Der Goldhamster, den Sie mir gestern verkauft haben, ist heute Nacht gestorben«, beschwert sich Klausi.

»Also, ehrlich«, sagt der Tierhändler. »Bei mir hat er so was nie gemacht.«

Uwe hat beschlossen mit seinem Meister Klartext zu reden. »Meister«, sagt er. »Mit den paar Kröten, die ich bei Ihnen krieg, kann ich keine großen Sprünge machen.«
»Ich habe dich auch nicht als Känguru angestellt, sondern als Mechaniker«, sagt der Meister.

*

»Ihr Vorgänger war Chemiker«, sagt die Vermieterin.
»Er hat immer im Zimmer Experimente gemacht.«
»Aha. Und der große Fleck an der Wand da ist wohl von so einem Experiment.«
»Nein. Vom Chemiker.«

Ungelogen: Gut erzogen!

»Wie kann man an einem einzigen Tag so viel Scheiß bauen wie du!«
»Ich steh früh auf und geh spät zu Bett«, sagt Karli.

*

»Papi, sind das hier Chrysanthemen oder Nelken?«, fragt Anschi.
»Chrysanthemen, klar doch«, meint Papi.
»Und wie schreibt man das?«
»Moment mal. Ich glaube, das sind doch Nelken«, sagt Papi.

*

Sie kommen mit Lehmklumpen an ihren Tretern vom Spielplatz heim und stampfen so durch die Wohnung von vorne nach hinten und wieder nach vorne.
Klar, dass da Mama Psychoterror macht und total ausflippt.
»Mami«, sagen sie, »du fährst ein falsches Programm. Mach es wie die Mamis im Werbefunk. Schmier irgend so einen Saft durch die Gegend. Und vor allem lächle. Und schon ist alles weg.«

*

»Schau, wie lieb mich Marietta schon an der Tür begrüßt«, sagt etwas gekränkt der Papa. »Und du hockst da und siehst nicht einmal hoch von deinem Computer!«
»Ich hab ja auch deinen Elektrorasierer nicht ins Badewasser fallen lassen«, erwidert Tobias.

»Vati«, meint Gabriela süß, »du brauchst mir nicht mehr Taschengeld zu geben. Aber da hätte ich einen Kompromiss. Du gibst mir dasselbe Taschengeld wie bisher. Aber dafür zweimal oder dreimal in der Woche. Ist das was?«

*

Tobi und Susi sind wieder einmal pleite.

»Da hab ich eine Idee«, meint Tobi. »Wir gründen einen Zirkus. Du stellst dich an die Wand, legst einen Apfel auf den Kopf. Und ich schieß ihn herunter. Da kommen die Leute in Massen und der Rubel rollt.«

»Ja, blöd«, sagt Susi. »Und wenn du wackelst und mich triffst und nicht den Apfel!«

»Kein Problem«, sagt Tobi. »Dann kriegen die Leute das Geld wieder zurück. Is doch klar.«

Müde und abgestresst kommt Papi vom Büro nach Hause.
»Mami, was machen wir jetzt?«, sagt Monika. »Was zeigen wir ihm zuerst, meinen Arrestzettel, dein Strafmandat oder den Steuerbescheid?«

*

Sie begucken das alte Familienalbum.
»Wer ist der fetzige Typ mit so einer Superfrisur und der total turbogeilen Figur?«
»Aber Kinder!«, sagt Mami. »Das ist doch euer Vater!«
»Mann, oh Mann!«, sagen sie. »Und wer ist dann diese dicke Kalkleiste, die jetzt bei uns wohnt und gnadenlos herumleiert?«

*

Drei sahnige Mädchen sitzen auf einer Alleebank und unterhalten sich über ihre Brüder.
»Was möchte dein Bruder einmal werden?«
»Der will zur Müllabfuhr. Weil er meint, die arbeiten nur am Freitag.«
»Und mein Bruder will Weihnachtsmann werden. Dann braucht er nur einmal im Jahr was tun.«
»Und meiner will Lehrer werden. Dann braucht er überhaupt nichts arbeiten. Meint er.«

*

»Müsst ihr immer gegenteiliger Meinung sein!« Mutti ist stinksauer auf Anett und Markus.
»Sind wir ja gar nicht«, sagt Markus. »Anett will das größere Stück Kuchen und ich auch.«

*

Da kenn sich einer aus mit den Alten! Macht man Lärm, gibt's Krach, ist man ruhig, schicken sie dich zum Psychologen, bleibt man lange vorm Fernseher, machen sie Terror, will man früh ins Bett, schieben sie dir ein Thermometer in den Mund!

*

»Was ist dein Vater?«
»Erkältet.«
»Ich meine: Was tut er?«
»Er hustet und niest.«
»Nein. Wovon lebt er?«
»Nur von Schleimsuppe und Pfefferminze.«

*

»Jetzt weiß ich«, sagt Franziska, »wie wir unserem Baldur das Nägelbeißen abgewöhnen können!«
»Und wie?«
»Wir warten, bis er Opa ist. Und dann verstecken wir ihm das Gebiss.«

»Opa, wie geht's?«

»Ooch, es geht. Nur ein bisschen langweilig ist's halt.«

»Dann geh doch ins Kino!«

»Weißt du, im Kino ist mir wahrscheinlich auch langweilig.«

»Aber inzwischen haben sie den Tonfilm erfunden, Opa!«

*

»Mein großer Bruder hat jetzt einen Bart.«

»Und? Sieht er besser aus?«

»Aber ganz klar. Man sieht fast nichts mehr von seinem Gesicht.«

*

»Klausi, hast du deine Buchstabensuppe schon aufgegessen?«

»Noch nicht ganz. Bin erst beim R!«

»Ich mache jetzt Yoga. Da lerne ich auf dem Kopf zu stehen.«
»Das ist gut«, sagt der Vater. »Dann siehst du vielleicht, wo du noch unter den Schränken Staub wischen kannst!«

*

»Wann habt ihr geheiratet?«, fragt das kleine Luischen die Mama.
»So ungefähr vor sechs Jahren.«
»War's schön?«
»Ja. Ein großes Fest.«
»Und, war ich da auch dabei?«
»Aber nein, das war doch noch gar nicht möglich!«
»Na klar«, mault Luischen. »Nie darf ich mit, wenn mal was los ist!«

*

»Warum spielst du ausgerechnet mit den unartigsten Kindern der ganzen Umgebung?«
»Weil die artigen Kinder nicht mit mir spielen dürfen.«

*

»Wenn du dich nicht besser benimmst, müssen wir dich in ein Internat stecken, damit du Manieren lernst!«
»Warum kann ich die denn nicht bei euch lernen?«

*

Sabrina ist wütend auf ihren Bruder Frank. Na, der soll nur heimkommen!
Kaum ist er bei der Türe herein, faucht sie ihn an: »Mit dir rede ich kein Wort mehr!«
»Is gut«, meint Frank. »Aber mach's kurz, ich muss gleich zum Tennis.«

*

Endlich haben sie ihre neue Wohnung.
»Aber jetzt müssen wir den Nachbarn einladen«, meint Vati.
»Und was sollen wir ihm denn anbieten?«, fragt Mami.
»Am besten das Du.«

*

»Wenn ich jetzt noch die Milch holen muss, dann komm ich eine halbe Stunde später zum Fußballmatch!«
»Na gut. Dann kannst du von mir aus dafür eine halbe Stunde länger dort bleiben!«

*

»Und das ist unser Musikzimmer«, erklärt stolz der Benni.
»Wieso? Ich seh ja nichts, kein Klavier, keine Geige, kein Garnichts!«
»Ja. Aber hier hört man das Radio vom Nachbarn am besten!«

Schwesterchen Nina spielt in ihrem Zimmer.

Mami hört, wie Nina laut zählt:

». . . sechsunddreißig, siebenunddreißig . . . « Dann: ». . . dreihundertneun, dreihundertzehn . . .«, und später: ». . . neunhundertneunundneunzig . . .«, und dann ein Schrei: »Igitt, igitt, ein Tausendfüßler!«

*

Der Pfarrer kommt des Wegs und sieht, wie sich Maxi und Benni fürchterlich herumprügeln.

»Hört ihr nicht sofort auf!«, predigt der Pfarrer los.

»Es steht geschrieben: ›Liebet eure Feinde!‹«

»Das ist ja gar nicht mein Feind«, mault Benni zurück. »Das ist mein Bruder.«

Omi ist zu Besuch und schläft bei Susi im Zimmer.
Nachts, als Omi ins Bett geht, ist Susi noch wach und lugt unter der Bettdecke hervor.
Da sieht sie, wie Oma die Perücke abnimmt, die Zähne heraustut – und Susi springt begeistert aus dem Bett und läuft zu den Eltern.
»Unsere Omi ist zerlegbar!«, ruft sie.

*

»Ach«, sagt Tante Amelie traurig, »jetzt habe ich einen neuen Fernseher und schon ist er kaputt. Gestern beim Fußballspiel war der Ball noch schön rund. Und heute wollte ich ein amerikanisches Fußballspiel anschauen, da war er verzerrt und ganz länglich . . .«

*

Sie sitzen beim Essen.
Da sagt Lisa zu ihrem lieben Papi:
»Los, Chef, lass mal ein paar Buletten rüberwachsen. Aber ein bisschen plötzlich!«
Da ist der liebe Papi von den Socken: »Also, hör mal. Ich erbitte mir andere Ausdrücke!«
»Is ja gut«, meint Lisa. »Also: Fri-ka-del-len!«

*

»He! Holt den Klausi rüber! Da haben sie auf der Glotze eine Sportsendung für ihn!«
»Aber dafür ist er doch noch zu klein, der Klausi!«
»Eben nicht! Es hat ausdrücklich geheißen: Galopprennen für Zweijährige.«

*

Flori kommt vom Fußballspiel heim und sieht aus wie ein Rübenschwein.
»Jetzt aber nichts wie in die Badewanne!«, ruft Mutti.
»Ach lass«, sagt Flori. »Das rentiert sich nicht. In drei Tagen ist schon das Rückspiel.«

*

»Mami, ich will Schokolade haben!«
»Wiiie heißt das?«
»Mami, ich möchte Schokolade haben!«
»Also, das darf nicht wahr sein! Wie heißt das?«
»Mami, ich möchte, bitte, Schokolade haben!«
»So. Und jetzt sagst du es noch ganz richtig!«
»Mamilein, könnte ich bitte Schokolade haben?«
»Ja, so war's recht.«
»Und, krieg ich jetzt die Schokolade?«
»Nein. Wir essen gleich.«

*

»Nina! Du hast all deine ganzen Teddybären in den Kühlschrank getan! Was soll der Quatsch!«
»Ich möchte doch so gerne Eisbären haben.«

*

»Hast du gehört, wir fahren heuer im Urlaub nach Ibiza.«
»Aber Mami sagt doch immer, wir müssen an unsere Schulden denken.«
»Aber Papi hat gesagt, das können wir auf Ibiza auch.«

*

»Ich lasse die ganze Nacht Licht brennen, wegen der Einbrecher!«, sagt Tante Amelie.
»Ach, das brauchste nicht«, sagt Neffe Christian. »Die haben ja Taschenlampen!«

*

Daniela ist beim Einkaufen.
»Ein Kilo Kartoffeln, bitte«, haucht sie. »Aber bitte nur ganz kleine. Ich kann nicht so schwer tragen.«

*

»Wie lange wollt ihr eigentlich bleiben?«, fragt Tante Martha.
»Nur so lange, bis wir dir auf die Nerven fallen!«
»Oh, nur so kurz!«

Und dann fahren sie in die Ferien zu Tante Martha. »Gebt mir auf den Parkettboden Acht«, sagt die liebe Tante zur Begrüßung, »der ist ganz frisch gebohnert!«
»Das macht nichts«, sagen sie. »Wir haben Spikes an den Schuhen!«

*

Bei Tante Martha muss man verdammt brav sein, hat Mami gesagt. »Und dass ihr mir nicht bettelt!«, hat sie ihnen eingeschärft.
Darum meint Benni nach dem Abendessen: »Also, wenn ich jetzt zu Hause wär, hätte ich immer noch Hunger!«

Sie haben Zwillinge gekriegt.
»Frag mal den Lehrer, ob du nicht einen Tag freibekommen kannst!«, sagt Vati zu Markus, dem nunmehr älteren Bruder.
»Und, hast du freibekommen?«, fragt er später.
»Klar, aber ich habe nur von einem Baby erzählt. Das zweite heb ich mir drei Wochen auf, da spielt der VfB gegen Köln«, meint Markus.

*

Der herzlose Papi kommt zu TV-Maier.
»Ist Schwarz eine Farbe?«, fragt er.
»Ja. Eigentlich schon.«
»Und Weiß? Ist das auch eine Farbe?«
»Ja, warum nicht.«
»Gut. Ich habe meiner Bande zu Hause nämlich einen Farbfernseher versprochen.«

*

»Geh zum Metzger und schau, ob er Schweineohren hat«, sagt Mutti zu Eberhard.
»Und? Hatte er welche?«, fragt sie, als Eberhard wieder zurückkommt.
»Hab nichts sehen können«, sagt Eberhard. »Er hatte eine Mütze auf.«

*

Tante Martha möchte auch die neue Wohnung sehen.
Sie ruft an: »Wie komm ich zu euch hin?«
»Also pass auf«, erklärt Benni. »Du gehst bis zur Hausnummer siebenundsechzig. Dann stößt du mit dem Fuß die Vorgartentür auf, drückst mit dem Ellbogen die Klinke, gehst die Treppe hoch zum ersten Stock. Dort kannst du wieder mit dem Ellbogen die Klingel drücken . . .«
»Ja, so weit hab ich das verstanden«, sagt Tante Martha.
»Aber warum muss ich das alles mit Füßen und Ellbogen machen?«
»Na, du wirst doch nicht mit leeren Händen daherkommen?«

*

»Verdammt noch mal! Mein Rasiermesser schneidet nicht mehr!«, schimpft Vater.
»Halt die Luft an«, sagt der Sohn. »Wenn es gestern das Linoleum geschnitten hat, dann wird es heute dein bisschen Bart auch noch schaffen!«

Sie suchen eine neue Wohnung.
»Und ein Garten ist auch beim Haus«, sagt der Vermieter.
»Na ja, groß ist er gerade nicht.«
»Groß nicht. Aber unwahrscheinlich hoch!«

*

»Hast du gehört, gestern ist ein Dachdecker überfahren worden.«
»Ach nein, ach nein«, sagt unsere Tante Amelie.
»Nicht einmal auf dem Dach ist man mehr sicher!«

*

»Ja, sag mal, wo bleibst du denn so lang?«
»Zwei Stunden habe ich in der Schillerstraße auf die Straßenbahn gewartet!«
»Ja, aber in der Schillerstraße fährt ja gar keine Straßenbahn.«
»Ach so! Drum hab ich so lange gewartet!«

*

»Was macht Ihr kleiner Sohn, Frau Häberle?«
»Der läuft schon seit acht Wochen!«
»Was Sie nicht sagen! Da müsste er ja schon . . . Warten Sie mal . . . Da müsste er ja schon mindestens in München sein!«

*

Was ist das: Steht auf der Wiese, macht »Muh« und ist blau?
Ein besoffenes Rindvieh.

*

Wenn unsere Tante Amelie Schuhe kauft, kommt meistens eine Verkäuferin in die Klapsmühle.
»Ich meine doch«, sagte sie einmal, »ich nehme jetzt das Paar, das ich als erstes anprobiert habe!«
»Tut mir Leid«, sagte die Verkäuferin, »das hat meine Kollegin jetzt vor vier Stunden verkauft!«
Dann probierte Tante Amelie wieder weiter. Endlich leuchteten ihre Augen auf!
»Das ist gut. Die nehm ich. Die drücken überhaupt nicht.«
»Gnädige Frau«, sagte da die Verkäuferin. »Sie stehen jetzt in der Schuhschachtel.«

Gitti soll ihr kleines Schwesterchen spazieren fahren. Nach zwei Stunden kommt sie wieder heim und hat einen superschicken Kinderwagen dabei.
»Aber das ist doch gar nicht unser Baby!«, ruft entsetzt die Mutti.
»Ja. Aber der Kinderwagen ist einsame Spitze!«, sagt Gitti.

*

Stolpert irgend so ein Knirps über die Straße und hat einen Glimmstängel in der Schnauze.
»Na warte«, schimpft das Fräulein Killermann. »Das sag ich aber deinem Lehrer!«
»Bin gespannt, wie Sie das machen«, mault der Knirps zurück. »Ich geh nämlich noch gar nicht in die Schule!«

*

Benjamin heult Rotz und Wasser.
Kommt eine nette Frau dazu und fragt: »Warum heulst du?«
»Weil ich ein Zwei-Euro-Stück verloren habe«, sagt Benjamin.
Da kriegt die nette Frau das große Mitleid und schiebt dem Benjamin ein Zwei-Euro-Stück in die Tasche.
Kaum ist das geschehen, brüllt Benjamin erst richtig los.
»Aber um Himmels willen, warum heulst du immer noch?«, fragt die nette Frau.
»Weil . . . weil, wenn ich die zwei Euro nicht verloren hätte, dann hätte ich jetzt schon vier Euro . . .«, stottert Benjamin.

»Jetzt setz dich hin und mach endlich deine Hausaufgaben.« Papi versucht seinen Leo anzuheizen.
Aber Leo meint: »Papi, ich bin sooo müde!«
»Das macht gar nichts. Harte Arbeit hat bis heute noch keinen umgebracht!«
»Schon. Aber warum soll dann ausgerechnet ich der Erste sein?«, meint Leo.

*

Uropa hat seinen Neunzigsten. Sie bereiten ein Riesenfest vor. Jeder hilft, was er kann. Und plötzlich stellt man fest, dass zwei Kilo Wurst fehlen.
»Die hat die Katze gefressen«, behaupten die Kinder.
»O. k.«, sagt Vati. »Das werden wir gleich haben.«
Er holt die Katze und setzt sie auf die Küchenwaage. Die Waage zeigt genau zwei Kilo an.
»Also«, meint Vati. »So weit ist das klar. Hier also ist die Wurst. Und nun frage ich euch: Wo ist die Katze?«

»Mami, ist es noch weit bis Weihnachten?«
»Warum fragst du?«
»Sag mir's, wenn's so weit ist. Damit ich rechtzeitig anfange brav zu sein.«

*

»Mami, darf ich heute so lange lesen, bis ich einschlafe?«
»Von mir aus. Aber nicht länger! Hörst du?«

*

Was ist das nützlichste Tier?
Das Rindvieh. Man kann alles von ihm gebrauchen. Das Fleisch, die Haut, die Hörner, die Knochen, die Milch. Sogar den Namen.

*

»Ich glaub, unser Opa braucht eine neue Brille.«
»Wie das?«
»Er sitzt schon zwei Stunden vor der laufenden Waschmaschine und schimpft, dass das Fernsehprogramm wieder so mies ist.«

*

»Haben Schlangen einen Schwanz?«
»Oh ja. Das ist sogar das Einzige, was sie haben.«

Tobi kommt total zerfetzt und zerkratzt nach Hause.
Jammert Mami: »Mein süßes Engelchen, was hast du nur gemacht!«
»Ein paar Typen zur Sau gemacht, die immer zu mir sagen: ›Da kommt Mamis süßes Engelchen!‹«

»Tut mir Leid«, sagt der Personalchef. »Wir haben keine Arbeit für dich!«
»Das«, antwortet unser Matthias, »würde mir eigentlich überhaupt nichts ausmachen.«

*

»Du, da ist einer draußen, der sammelt für das neue Seniorenheim.«
»Is gut. Gib ihm den Opa mit!«

*

Mutti ist sauer auf ihren Oliver.
»Es ist jetzt fast zehn Uhr und du liegst immer noch im Bett. Steh sofort auf und schäm dich!«
»Ach, weißt du, Mami«, meint Oliver. »Ich bleib noch ein wenig liegen. Schämen kann ich mich auch im Bett.«

*

»Meine Mutter nörgelt jetzt sieben Monate an mir herum!«
»Was will sie denn dauernd?«
»Ich soll den Weihnachtsbaum wegräumen.«

*

»Bei uns zu Hause ist auch so eine beschissene Stimmung, echt ätzend«, schimpft Sven. »Der Einzige, der gut aufgelegt ist, ist der Telefonhörer!«

»Schraub dich hoch und hol Bier aus dem Keller«, sagt Vater. »Du hast die jüngeren Beine!«

»Meinst du nicht«, antwortet Thomas, »dass wir erst einmal die alten aufbrauchen sollten?«

*

»Das Essen ist fertig«, ruft Mutti durch die Wohnung. »Kommt nörgeln!«

*

»Papa, wann wurde Michael Jackson geboren?«

»Keine Ahnung.«

»Und wann ist er zum ersten Mal aufgetreten?«

»Weiß ich doch nicht.«

»Wie heißt sein Manager?«

»Weiß ich auch nicht.«

»Und so was wie du ist Professor für Geschichte!«

*

»Jetzt rechne mal mit«, sagt der Lehrer. »Deine Mutti kauft eine Handtasche um 90 Euro, ein Paar Schuhe um 160 Euro, einen Wintermantel um 430 Euro und einen Hut um 170 Euro. Was ergibt das?«

»Einen Saukrach von Vati.«

*

Unsere Oma ist die Kellertreppe hinuntergesegelt und kriegt ein Gipsbein.

»Vorerst können Sie damit nicht Treppen steigen!«, hat der Doktor Pfannenstiel gesagt.

Nach einiger Zeit kriegt er einen Anruf von Oma: »Wann darf ich endlich wieder Treppen steigen?«, fragt sie.

»Wissen Sie, das Rauf- und Runterhangeln an der Dachrinne strengt mich doch sehr an!«

*

»Gib doch den Goldfischen frisches Wasser!«

»Wieso? Sie haben ja das alte noch nicht ausgetrunken.«

Anettchen kommt nicht und kommt nicht zum Frühstück.
»Ja, wo bleibst du denn!«, tönt es aus der Diele.
»Ich muss noch Salz in den Streuer tun, habt ihr gesagt. Und das Zeug kriege ich so verdammt schwer durch die Löcher!«

*

Mutti sitzt in der Küche und betupft sich die Stirn mit Kölnischwasser. Vati kippt einen Cognac nach dem anderen. Oma träufelt Baldrian auf einen Löffel.
»Was?«, fragt Brigitte ihren Bruder. »Ihr habt die Zeugnisse heute schon gekriegt?«

*

Alexander, der immer zu viel denkt, bekommt von seiner Omi eine Tafel Halbbitter geschenkt. Er wickelt die Tafel aus und versinkt in tiefes Nachdenken.
»Warum isst du nicht?«, fragt Omi.
»Weil ich nicht weiß, welche Hälfte die bittere ist und welche die süße.«

*

Ein paar Tage später erzählt Nina ihren Freundinnen:
»Heute hab ich dem Tobi irrtümlich Seifenflocken statt Haferflocken in das Müsli gegeben!«
»Und? Was war dann?«
»Geschäumt hat er!«

Sie haben den Lukas zum Bäcker Meier geschickt. Er soll dort zehn Brötchen holen. Lukas kommt zurück, an einer Riesentüte Eis schleckend, aber ohne die Brötchen.

»Was soll das?«, fährt ihn Mutti an.

»Brötchen haben sie nicht mehr gehabt«, erklärt Lukas.

»Ja, und das Eis . . .?«

»Da hab ich mir gedacht, von irgendetwas muss er ja leben, der Bäcker Meier . . .«

*

Dann sagte Tobi einmal zu Nina:

»Warum blätterst du so hektisch im Kochbuch?«

»Weil ich wissen möchte, wie man Wäsche kocht«, sagte Nina.

Schwesterchen Christiane ist wieder einmal der Mittelpunkt des Universums. Sie kommt heim, ist noch kaum bei der Türe herinnen und fragt schon ihren Bruder:
»Ist jemand gekommen?«
»Ja.«
»Wer?«
»Du.«
»Ich meine, war inzwischen jemand da?«
»Ja.«
»Wer?«
»Ich.«

*

Die Eltern sind verreist. Nina und Tobi müssen alleine zu Hause bleiben. Wer kümmert sich um sie?
»Das mach ich schon!«, hatte Nina gesagt.
Und richtig. Als Tobi am ersten Tag nach Hause kommt, findet er einen Zettel auf dem Küchentisch: »Das Essen steht im Kochbuch Seite 314 oben!«

Ganz schön schräg

»Wieso gehst du in den Karateklub?«

»Da lernt man zum Beispiel, wie man mit einem einzigen Handschlag einen Ziegelstein zerschlägt.«

»Und wofür soll das gut sein?«

»Na ja, wenn man zum Beispiel nachts überfallen wird.«

»Ja, schon, aber wann wird man nachts von einem Ziegelstein überfallen!«

*

»Also der Schiedsrichter war eine Katastrophe«, sagten sie nachher.

»Aber laufen konnte er erstklassig«, meinte Karsten.

*

Tobi und Flori sitzen im Kino.

John Wayne reitet auf ein Riff zu. John Wayne kommt immer näher auf das Riff zu, es ist nicht mehr auszuhalten vor Spannung.

Da sagt Tobi: »Wetten, dass er nicht runterstürzt!«

»Wetten«, sagt Flori.

Und John Wayne stürzt ab.

»Also, das kapiere ich nicht«, sagt Tobi. »Ich hab nämlich den Film schon gesehen!«

»Und wieso wettest du dann?«

»Wer denkt denn, dass dieser Mann so einen Fehler zwei Mal macht!«

»Mensch, stell dir vor, gestern hab ich mit Thomas Gottschalk telefoniert!«

»Wahnsinn! Und was hat er gesagt?«

»Falsch verbunden.«

*

»Kannst du mir sagen, wie spät es jetzt ist?«

»Es ist jetzt genau halb.«

»Was, halb? Halb vier, halb fünf oder was?«

»Das weiß ich nicht. Mir ist der kleine Zeiger abgebrochen.«

*

»Papi hat mir eine Gitarre gekauft. Eine ganz billige. Ohne Saiten.«

»Ohne Saiten?«

»Ja. Er sagt, zum Lernen reicht's schon.«

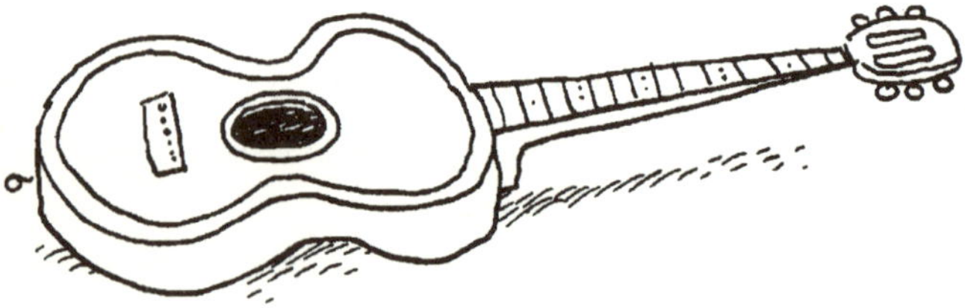

Fernsehquiz für Gehirnathleten:
»Was ist der Unterschied zwischen?«, fragt der Quizmaster.
»Zwischen was?«, fragt der Kandidat zurück.
»Tut mir Leid«, sagt der Quizmaster, »helfen darf ich nicht.«

*

Das kleine Mottchen heult:
»Das ist doch echt bescheuert. Den ganzen Sommer muss ich in Pelzmänteln leben. Und im Winter, wenn's saukalt ist, im Bikini!«

*

»Mein Hund kann mich schon auf fünfzig Meter riechen!«
»Dann würde ich mich aber einmal waschen!«

*

»Fällt es dir schwer, eine feste Meinung zu haben?«
»Ja und nein.«

*

Herr Randomir kommt ins Haushaltswarengeschäft und japst:
»Schnell, schnell, eine Mausefalle! Ich muss noch die U-Bahn erwischen!«
»Tut mir Leid«, sagt die Verkäuferin. »So große Mausefallen führen wir nicht.«

»Zum tausendsten Male: Nein!«, sagt der Neandertaler zu seinem Sohn. »Du kannst jetzt nicht fernsehen. Es ist doch noch gar nicht erfunden!«

*

»Liebe Beratungsstelle!«, schreibt Frau Weckerl an den Hühnerzucht-Fachverband. »Ich züchte Hühner. Habe aber wenig Glück dabei. Immer wenn ich morgens in den Stall komme, liegen einige der Hühner auf dem Rücken, recken die Beine zum Himmel und rühren sich nicht mehr. Was ist nur los mit meinen Hühnern?«
Und postwendend erhält sie die Antwort:
»Sehr geehrte Frau Weckerl, Ihre Hühner sind tot!«

*

Was ist einer, der sich nicht wäscht?
Ein Energiesparschwein.

*

Es war das vierundzwanzigste Spiel in der Saison. Und wieder haben sie verloren.
Auf der Heimfahrt meint unser Präsident zum Busfahrer: »Weißt du, was. In der nächsten Ortschaft drehst du auf hundertzwanzig auf. Dann bekommen wir wenigstens in Flensburg Punkte!«

»Au fein!«, sagt der Holzwurmpapi zu seiner Sippe.
»Meiers von nebenan haben Möbel aus Hongkong gekriegt. Am Sonntag gehen wir chinesisch essen!«

*

Waschmaschinen-Superdemonstration in der Stadthalle. Unsere Tante Emilie kommt mit einem Korb Wäsche angetanzt und der Vertreter zeigt, was sein Maschinchen alles kann. Es ist grandios! »Na«, strahlt der Vertreter. »Ist Ihre Wäsche jetzt nicht super-ultra-blendend weiß?«
»Schon«, sagt unsere Tante Emilie. »Aber farbig war sie schöner.«

*

Ganz feine Leute auf einem Bauernhof.
»Mutti«, sagt die kleine Eleonora, »jetzt bin ich in ein ganz hässliches Wort getreten!«

»Oje, oje«, jammert der kleine Glühwurm. »Ich glaube, ich muss zum Augenarzt.«
»Wieso?«
»Wegen einer Brille.«
»Wozu?«
»Habe gestern aus Versehen eine glimmende Zigarette geküsst!«

*

»Wenn ich nicht einschlafen kann«, sagt Frau Weckerle, »dann zähl ich bis drei!«
»Und das hilft?«
»Na ja. Manchmal muss ich auch bis halb vier zählen.«

*

Lehrling Uwe spaziert ins Chefbüro, schüttet dem Hauptbuchhalter den Papierkorb auf den Schreibtisch, stülpt der Chefsekretärin den Kaffeetopf über die Dauerwellen, und kaum, dass der Bigboss seine Rübe durch die Türe schiebt, langt ihm Uwe eine Ohrfeige, dass es ein Echo gibt . . .
Da kommt dem Uwe sein Freund, der Klausi, angerast: »Mensch, Uwe«, schreit er. »Das mit dem Lottosechser war nur ein Aprilscherz!«

*

Frage: Was isst ein Physiker, wenn er schlank werden will?
Mikrochips!

*

Der kleine Uli mit der großen Klappe sieht zwar noch nicht richtig auf den Tisch hinauf. Er hat sich aber schon in Müllers Susi verguckt.

»Susi«, sagt er. »Ich werde dich heiraten.«

Susi gefällt die Sache. Sie hat aber noch Bedenken.

»Ich kann nämlich nicht kochen«, flüstert sie.

»Null Problemo«, meint Uli. »Wir kaufen einfach einen voll auomatischen Herd!«

*

»Herr Professor! Herr Professor! In Ihrer Bibliothek ist ein Einbrecher!«

»Soso. Und was liest er?«

*

»Was macht dein Bruder?«

»Der ist Wurmimitator.«

»Und davon kann man leben?«

»Und wie. Er bohrt nämlich Wurmlöcher in neue Möbel, damit sie antik werden.«

*

Es war eine Schau, den Dieter beim Golfspielen zu bewundern.
Sie sahen, wie er mächtig ausholte, den Schläger wieder sinken ließ, mit den Füßen trippelte, wieder ausholte und ewig so weiter . . .
Da bekamen sie es mit der Angst.
»Wo sollen wir uns hinstellen, damit er uns nicht treffen kann?«
»Am besten gleich neben das Loch«, meinte Sabine.

Schon als Baby im Kinderwagen war der kleine Uli mit der großen Klappe ein Autofreak.

»Meine Mutti schiebt ganz ordentlich«, erklärte er einem Babykollegen. »Nur in den Kurven und am Berg ist sie etwas langsam.«

*

Schlaffi, der Penner, betritt die Reinigung.

»Was kostet das Reinigen eines Anzugs bei Ihnen?«

»Mit Bügeln acht Euro«, sagt die Frau.

»Is gut«, meint Schlaffi. »Dann reinigen Sie mir mal schön die Vorderseite von meinem Anzug. Ich muss mich nämlich fotografieren lassen.«

*

Müllers besichtigen eine neue Wohnung.

Der Vermieter verschwindet rasch im Nebenzimmer und flüstert:

»Können Sie mich hören?«

»Na klar!«

»Können Sie mich sehen?«

»Nö.«

»Das sind Wände, was!«, ruft begeistert der Vermieter.

*

»Weißt du, dass Querstreifen dick machen?«, sagt die figur- und modebewusste Schwester.
»Welcher Idiot isst schon Querstreifen!«, antwortet der Bruder.

*

»Herr Meisenbrinck ist ein wahnsinnig wichtiger Mann in unserem Städtchen. Und drei Orden hat der Mann! Drei Orden!«
»Wofür hat er die gekriegt?«
»Also, pass mal auf:
Den dritten Orden hat er gekriegt, weil er schon zwei hatte.
Den zweiten Orden haben sie ihm gegeben, weil er schon einen hatte.
Und den ersten, ja, den hat er gekriegt, weil er noch keinen hatte.«

*

»Ich möchte einmal so viel Geld haben, dass ich mir einen Baukran kaufen kann«, philosophiert Schlaffi, der Penner.
»Zu was brauchst du einen Baukran?«, fragt ihn ein anderer.
»Zu nichts. Ich möchte ja nur das Geld haben«, sagt Schlaffi.

*

Bernadettchen liebt ihren Dackel über alles.
Bevor er daher aus einer Pfütze trinken darf, fährt sie erst einmal mit dem Roller ein paarmal durch, damit alle Bakterien tot sind.

»Mami, weißt du, wie viel Zahnpasta in einer Tube ist?«
»Nein.«
»Es reicht vom Bad über den Flur durchs Wohnzimmer und fast über die ganze Terrasse.«

*

»Wenn das noch mal vorkommt, kriegst du eine Ohrfeige!«, schimpft Vati. »Immer wenn ich nicht da bin, rauchst du meine Pfeife!«
»Ja, und du? Immer wenn ich im Bett bin, spielst du mit meiner Eisenbahn!«

*

Unser kleines Susilein setzt ihr Brüderchen in den Puppenwagen und fährt damit durch die Gegend.
»Wäre es nicht besser, du würdest deine Puppe herumfahren«, sagt die ängstliche Tante Amelie.
»Ja blöd!«, sagt Susilein. »Und wenn ich umschmeiße, ist die Puppe kaputt!«

*

Warum soll man sich Bücher kaufen? Es kann ja sein, dass der Fernseher einmal kaputt ist!

*

Alex war bei den Memmelmanns als Babysitter.
»Na, war die Bande einigermaßen brav?«, fragt der alte Memmelmann, als sie wieder zu Hause waren.
»Zuerst nicht«, antwortet Alex. »Aber als ich ihnen versprochen habe, dass sie heute von Ihnen ein Pony kriegen, wenn sie schön einschlafen, dann schon.«

*

»Mein Bruder trägt immer Golfsocken«, sagt Ulrike.
»Was ist das?«
»Strümpfe mit achtzehn Löchern.«

*

»Da habt ihr aber einen wunderschönen Schneemann gebaut«, sagt Frau Nüsslein zu der Bande. »Der sieht genau aus wie mein Wolfi!«
»Muss er auch«, sagen sie. »Ihr Wolfi steckt nämlich drin!«

*

Patrizia hat mal wieder ihre feministische Anwandlung.
»Warum«, sagt sie, »gehen immer nur die männlichen Kassierer mit der Kasse durch? Nie liest man, dass einmal eine Kassiererin mit der Kasse abhaut!«
»Na klar«, sagt Kurti. »Die gehen nicht mit der Kasse durch, die gehen mit dem Direktor durch!«

»Als was gehst du im Karneval?«

»Als Bazille«, sagt Sabrina.

»Und wie machst du das?«

»Ganz einfach. Zuerst bringe ich die Jungs auf Temperatur. Und dann huste ich ihnen was.«

*

»Wie war die Leberwurstpastete, die wir euch rübergeschickt haben?«

»Haarscharf richtig.«

»Haarscharf richtig? Was heißt das?«

»Wenn sie eine Idee älter gewesen wäre, hätten wir sie nicht runtergekriegt. Und wenn sie eine Idee frischer gewesen wäre, hättet ihr sie uns nicht rübergeschickt.«

Gilbert hat einen Taschenrechner gekriegt und ist mächtig stolz. Es ist auch sein erster.
»Dann kannst du mir gleich einmal ausrechnen, wie viel 379 mal 17 ist«, sagt Mami.
»Klar«, sagt Gilbert. »Und bis wann musst du das Endergebnis haben?«

*

Im Hundesalon kaufen sie ihrem Fiffi einen Trinknapf.
»Hier haben wir einen besonders schönen, da steht ›Für unseren Hund‹ drauf«, sagt die Verkäuferin.
»Nicht nötig«, meint Pamela. »Unser Vati trinkt kein Wasser und der Fiffi kann nicht lesen.«

*

»Führt dein Bruder Selbstgespräche, wenn er allein ist?«
»Weiß ich doch nicht. Ich war noch nie dabei, wenn er allein war.«

*

»Wenn ich groß bin«, sagt Heidi, »ganz groß, meine ich, dann möchte ich zwei Tiere. Einen Jaguar und einen Nerz!«
»Und einen blöden Hund, der das alles zahlt«, ergänzt der Bruder.

*

»Möchtest du vielleicht Pfarrer werden?«, fragt Tante Amelie unseren Uli.
»Nö«, sagt Uli. »Da ist mir jeder Sonntag versaut!«

*

Der kleine Uli mit der großen Klappe soll ein Kettcar bekommen.
Im Geschäft zeigt er, dass er den großen Durchblick hat:
»Wie ist die Kurvenlage?«, fragt er den Verkäufer. »Der Bremsweg? Die Beschleunigung aus dem Stand? Und wie reagiert das Ding, wenn ich damit einmal durch die Schallmauer möchte?«

Welcher Bus fuhr schon bis nach Amerika?
Der Columbus.

*

». . .biiing«, macht der Fernseher und ist kaputt.
Da seufzt Vater tief. Steht auf. Streckt sich. Schaut seine Kinder an und sagt:
»Du liebe Zeit, seid ihr aber groß geworden!«

*

Simon schreibt seiner Freundin Katrin einen Brief:
»Ich kann morgens nichts essen, weil ich an dich denke. Und mittags kann ich nichts essen, weil ich immer an dich denke. Und abends kann ich nichts essen, weil ich immer noch an dich denke! Und nachts kann ich nicht schlafen, weil ich solchen Hunger habe . . .«

*

»Kommen Sie vielleicht in zehn oder zwanzig Jahren zu mir«, sagt der Schlagerproduzent.
»Verzeihung. Soll ich vormittags kommen oder lieber nachmittags?«, fragt der Jungkomponist.

*

Alter Spruch: Man soll den Tag nicht vor dem Abendprogramm loben.

Ferien auf dem Bauernhof. Und sie fragen dem alten Eggerbauern ein Loch in den Bauch.

». . . und wie viele Hühner haben Sie?«

»Hundert.«

»Und was machen diese Hühner den ganzen Tag?«

»Neunundneunzig legen Eier.«

»Und das hundertste?«

»Das macht mir die Buchhaltung.«

*

Sie sitzen am Frühstückstisch.

Kommt der kleine Bernhard herein und sagt:

»Wenn ihr mir einen Euro gebt, mach ich ein Huhn nach.«

»O. k.«, sagen sie und Bernhard kriegt das Geld.

»So«, sagen sie dann, »nun gackere mal schön.«

»Wieso gackern?«, sagt Bernhard. »Ich verschlucke jetzt einen Regenwurm.«

*

»Na, was habt ihr erkundet auf eurem Strandspaziergang?«, fragt der nette Onkel vom Korb nebenan.

»Wir haben herausgebracht, dass Ihr Rekorder unter Wasser nicht spielt«, antworten die lieben Kinderchen.

*

»Vor zweihundert oder dreihundert Jahren hat noch kein Mensch etwas vom Telefonieren gewusst«, philosophiert Klausi.
»Ja, und dabei ist die Sache so einfach«, ergänzt Susi. »Man hebt ab und wählt.«

*

Unser FC Krautacker hat einen neuen Libero. Aber niemand ist so recht glücklich mit dieser Neuerwerbung.
»Mensch, dieser Typ hinkt ja. Hat er das immer?«, stänkert einer.
»Nö«, sagt der Trainer. »Nur wenn er läuft oder geht.«

*

»Meine sehr verehrten Damen und Herren«, begann Professor Stopka seinen Vortrag. »Wie grenzenlos die menschliche Blödheit ist, wird Ihnen mein Vortrag beweisen.«

*

Wird das Fernsehen die Zeitung verdrängen?
Niemals!
Und warum nicht?
Kannst du mit einem Fernseher den Ofen anheizen?
Oder eine Fliege totschlagen?
Oder in einen Fernseher ein Schmalzbrot wickeln?

»Unser Papagei flucht seit neuestem wie ein alter Seemann. Hast du ihm das beigebracht?«
»I wo. Ich hab ihm nur die Wörter gesagt, die man nicht gebrauchen darf.«

*

In einer Tierhandlung:
»Ich möchte von den beiden Kanarienvögeln den, der so schön singt!«
»Dann müssen Sie aber den anderen auch nehmen!«
»Den, der immer stumm dasitzt?«
»Ja, das ist nämlich der Komponist. Der macht dem Sänger die Musik!«

*

»Wie war gestern der Fernsehkrimi?«
»Toll und lebensnah! Sogar die Handlung war geklaut!«

Der Ölscheich kauft einen Rolls-Royce, mit goldenem Kühler, eingebauter Champagnerbar und so.
Dann drückt er dem Händler ein Bündel Dollarscheine in das Pfötchen und sagt:
». . . den Rest geben Sie mir bitte in VWs heraus!«

*

Mitten in der Nacht läutet bei Meisegeiers das Telefon.
»Hier ist die Polizei«, sagt der Anrufer. »Wir haben an der Autobahneinfahrt einen Kerl geschnappt, der hat Ihren Wagen geklaut!«
»Moment mal!«, brüllt Meisegeier in den Hörer. »Halten Sie den Kerl unter allen Umständen auf und lassen Sie ihn nicht laufen. Den muss ich fragen, wie er es fertig gebracht hat, meinen Motor bei dieser Kälte in Gang zu bringen!«

*

Sie hätten gerne einen Bauernhof, aber ganz weit draußen, von wegen alternativem Leben.
»Aber jetzt weiß ich nicht, soll ich mir ein Fahrrad anschaffen oder eine Kuh?«, meint Sven.
»Ein Fahrrad natürlich«, meint Ester, »auf einer Kuh kannst nicht reiten.«
»Und? Kannste vielleicht ein Fahrrad melken?«

*

Kurti kommt mit seinem Wagen Marke Schrottplatzzierde an die Tankstelle.
»Zehn Liter Super«, sagt er.
Skeptisch meint der Tankwart:
»Wollen Sie wirklich noch so viel in diesen Wagen investieren?«

*

»Niemals«, sagt Karsten, »nehme ich meinen kleinen Bruder mehr zum Angeln mit!«
»Wieso? War er nicht brav?«
»Er hat mir alle meine Würmer weggefressen!«

*

Oliver hat eine supergeile Golfausrüstung. Putter jede Menge, Tasche, Golfschuhe, Allwetter-Handschuhe, Ballangler, Scorer, was du dir denken kannst. Und alles vom Feinsten!
»Und hast du ihn schon spielen gesehen?«, wird einer gefragt.
»Ja.«
»Und, wie war er?«
»Er war besser als sein Ball!«

*

»Unsere Katze geht jetzt in die Aerobic-Schule.«
»Warum das?«
»Da kriegt sie dann immer einen ganz tollen Muskelkater.«

Passionsspiel in Oberammergau. Das Publikum ist ergriffen. Da saust der Regisseur zum Bürgermeister hin und zischelt: »Das ist glatter Wahnsinn! Da steht die Maria und zieht ihre Armbanduhr auf!«
»Ja mei«, sagt der Bürgermeister. »Vielleicht haben die damals noch keine Automatik gehabt.«

*

»Bei unserem Schuster kann man warten, bis er die Stiefel repariert hat.«
»Wie lange?«
»So sechs bis acht Wochen.«

*

Frage: Was ist, wenn man ein Stinktier mit einem Adler kreuzt?
Dann stinkt es zum Himmel.

Einmal Europa und zurück

Seine Lordschaft sind stocktaub. Spätabends kommen Seine Lordschaft heim. Der Butler nimmt ihm dem Mantel ab und murmelt:
»Na, alter Bock. Wieder in den Bars von Soho Champagner gesoffen und mit alten Schlampen herumgeflirtet!«
»Nein«, sagt da Seine Lordschaft. »In der Stadt gewesen und endlich ein Hörgerät gekauft!«

*

»Ich war auf Pirsch mit der Kamera in den Abruzzen«, tönte Randomir. »Einmal verfolgte mich sogar ein Rudel von hundert Wölfen!«
»Ach, hör auf! In den Abruzzen gibt es doch gar keine hundert Wölfe mehr!«
»Dann fünfzig.«
»Da gibt es auch keine fünfzig mehr!«
»Dann vielleicht zwanzig?«
»In der Gegend, wo du warst, gibt es überhaupt keine Wölfe!«

*

»Wegen dieser Scheißpostkarte habe ich jetzt die neunhundertfünfundvierzig Stufen zu deinem Leuchtturm hochsteigen müssen«, schimpft der Postbote irgendwo in Nordnorwegen.
»Und wenn du nicht gleich die Klappe hältst«, sagt der Leuchtturmwärter, »dann bestelle ich den Tageskurier!«

Rom. Ein feiner Herr und ein Junge kommen zu einem Friseur. »Haarschneiden für uns beide«, sagt der feine Signore. »Aber mir zuerst. Und auch noch rasieren.«

Als der Signore fertig ist, sagt er zum Jungen: »Also, du wartest hier, bis ich dich hole!« Und verschwindet. Der Junge bekommt auch die Haare geschnitten. Und als nach einer Stunde der feine Herr noch nicht da ist, sagt der Friseur:

»Na, dein Papa braucht aber lange!«

»Wieso Papa?«, fragt der Junge. »Das ist doch der Herr, der auf der Straße zu mir gesagt hat: ›komm mit, wir wollen uns beide kostenlos die Haare schneiden lassen!‹«

*

Schotten rauchen keine Filterzigaretten. Warum?

Sie vertragen das Aroma der glimmenden Filter nicht.

Jugendaustausch und Freundschaftsspiel in Frankreich. Bevor es mit Fußball losgeht, muss irgend so einer noch eine Rede loswerden.

»Und ich freue mich«, sagt er, »dass junge Sportler aus dem Lande Goethes und Schillers zu uns gekommen sind!«

»Goethe und Schiller?«, flüstert unser Libero dem Torwart zu. »Spielen die beim HSV oder bei Bayern?«

*

Treffen sich drei Gespenster in einem englischen Schloss um Mitternacht.

»Ich muss ständig mit dem Kopf unterm Arm herumlaufen. Ich war der Henker von London«, sagt eines.

»Ich muss mir zur Strafe täglich ein Messer in den Bauch rammen«, sagt das andere Gespenst. »Ich war Jack, der Bauchaufschlitzer.«

»Ihr habt's gut«, sagt das dritte. »Ich muss alle Viertelstunde unter die Dusche. Ich war der Wetterprophet der BBC.«

*

Ein Schotte kauft einen Atlas für seinen Sohn.

»Da hätten wir das Allerneueste«, sagt der Buchhändler.

»Ein alter tut's auch!«

»Wie alt?«

»Na ja, Amerika soll schon drauf sein!«

Sie sind in Bologna. Onkel Kurt war vorher schon einmal in Italien. Darum hat er das große Wort. Im Ristorante studiert er die Speisekarte runter und rauf. Dann rauf und runter. Endlich hat er's.

Er winkt dem Ober.

»Herr Ober«, ruft er. »Bringen Sie uns vier Portionen Battistini!«

»Signore«, sagt der Ober, »das dürfte sich kaum machen lassen. Battistini ist der Besitzer dieses Lokals.«

Theateraufführung in England. Richard III. von Shakespeare wird gespielt. Dann kommt die berühmte Stelle, wo es heißt: »Ein Pferd, ein Pferd, ein Königreich für ein Pferd!«
Da ruft irgendein Witzbold von der Galerie herunter:
»Darf's vielleicht auch ein Esel sein?«
»Aber ja, mein Bester«, antwortet der Schauspieler. »Kommen Sie bitte sofort herunter!«

*

Was hat der Bürgermeister von Pisa gesagt, als sie mit dem Turmbau begonnen haben?
»Also los!«, hat er gesagt. »Es wird schon schief gehen!«

*

Zwei Tiroler betrachten einige Fräuleins aus Wien. »Die reden viel feiner als wir«, sagt der eine.
»Die riechen auch viel feiner als wir«, meint der andere.
»Die werden auch halt was anderes essen als wir«, meint der eine.

*

»Jetzt wissen wir, warum die Engländer so fanatische Teetrinker sind.«
»Und warum?«
»Hast du schon einmal in England einen Kaffee probiert?«

Auf dem Bergbauernhof:
»Bischt du mit dem Luis verwandt?«
»Wohl, wohl, aber nur ganz weitschichtig.«
»Aber ich hab gemeint, der ischt dein Bruder!«
»Dös schon. Aber ich bin das sechste Kind. Und er ischt erst das achtzehnte gewesen.«

*

»Dieses Jahr nehmen wir unseren eigenen Fernseher mit nach Italien«, sagt Frau Nüsslein.
»Warum das? Haben die in ihrem Hotel nicht einmal einen Fernseher?«
»Einen Fernseher schon«, sagt Frau Nüsslein. »Aber nur einen, der italienisch spricht.«

*

Meisengeiers sind wahnsinnig feine Leute.
In Paris stehen sie auf dem falschen Bahnsteig und drüben haut der richtige Express ab.
Da sagt Benny Meistergeier: »Gell, Papi, wenn wir jetzt nicht so feine Leute wären, würden wir ganz laut Scheiße sagen!«

*

»Haste gehört: In Italien ist der Vesuv wieder ausgebrochen!«
»Keine Angst. Die kriegen ihn bald wieder.«

»Bringt mich dieser Weg nach Worcester?«, fragt ein einsamer Wanderer.
»No, Sir«, antwortet ein Brite. »Da müssen Sie schon selber gehen!«

Ein Schotte hat ein Paket Hühneraugenpflaster gefunden. Jetzt muss er sich Schuhe kaufen, die drücken!

*

Schmalstich ist in Wien auf Urlaub. Nach acht Tagen beguckt er sich einmal seine Brieftasche genauer und beschließt ab sofort sparsamer zu leben.
Auf der Straße rennt er neben einem Taxi her.
»Was kostet es zum Westbahnhof?«, ruft er.
»Zehn Euro«, ruft der Taxifahrer.
Köpfchen!, denkt Schmalstich und rennt wie ein Verrückter neben dem Taxi her. Nach längerer Zeit ruft er wieder:
»Was kostet es jetzt zum Westbahnhof?«
»Zwanzig Euro«, brüllt der Taxifahrer. »Der Westbahnhof ist auf der anderen Seite!«

*

»Manchmal bin ich direkt froh, dass ich nicht in Dänemark auf die Welt gekommen bin.«
»Warum das?«
»Weil ich kein Dänisch kann.«

*

Welcher Wein wächst am Fuße des Vesuvs?
Glühwein.

Eine Reisegruppe besichtigt ein türkisches Dorf.

»Und hier, meine Herrschaften, sehen Sie die berühmten Tabakpflanzen in voller Blüte«, sagt der Reiseleiter.

»Interessant«, meint Herr Memmelmann. »Und wann kann man die Zigaretten pflücken?«

*

»Wie war's in Venedig?«

»Also, komisch sind diese Italiener!«, sagte Frau Schmalstich. »Da war die ganze Stadt überschwemmt. Und was tun die Leute? Sie singen, singen und singen!«

*

Im Museum stehen sie vor einer Statue. Sie ist von Rodin und heißt DER DENKER.

»Was der wohl denkt?«, fragt Karli.

»Der denkt wahrscheinlich darüber nach, wo er seine Klamotten gelassen hat«, meint Max.

*

»Diese Orangen stammen doch aus eurem Land«, sagt Uli zu einem Spanier. »Da müssten sie doch viel billiger sein als bei uns.«

»Ja, schon«, sagt der Spanier. »Aber wir möchten, dass ihr euch bei uns wie zu Hause fühlt!«

Nachts um zwei Uhr läutet in Lüttikon in der Schweiz in einer Apotheke das Telefon.

»Hier ist die Apotheke Zum Goldenen Engel«, meldet sich der Herr Apotheker.

»Kann ich bitte den Herrn Apotheker sprechen?«

»Jawohl. Ich bin selber am Apparat.«

»Ich bräuchte nämlich eine Auskunft. Haben Sie auch Schnüllerli?«

»Aber selbstverständlich.«

»Und haben Sie auch Schnüllerli, wo die Scheibe blau ist?«

»Aber ja, freilich.«

»Haben Sie vielleicht auch Schnüllerli, wo die Scheibe rosarot ist?«

»Ja, zum Donnerwetter. Das haben wir auch.«

»Dann ist es gut, Herr Apotheker. Jetzt habe ich eine Bitte. Schieben Sie sich doch einen von den blauen und einen von den rosaroten Schnüllerli in den Mund. Und behalten sie drin!«

Da knallt der Apotheker wütend den Hörer hin und steigt wieder in sein Bett.

In der nächsten Nacht aber klingelt wieder das Telefon. Und wieder um zwei Uhr.

»Ist dort die Apotheke Zum Goldenen Engel?«

»Ja.«

»Ich komme zurück auf meinen Anruf von gestern, Herr Apotheker, das Ganze war ein Scherz. Sie können die Schnuller wieder aus dem Mund nehmen.«

Frau Häberlein macht Ferien in Rimini. Und auf einmal ist ihr das Geld ausgegangen.
Deshalb geht sie zur Bank und legt einen Scheck hin.
»Signora, können Sie sich auch ausweisen, dass Sie Signora Häberlein sind?«, sagt das Fräulein am Schalter.
Da kramt Frau Häberlein einen Spiegel aus der Handtasche, sieht hinein und sagt:
»Ja, doch. Ich bin es.«

*

Wie ist der Kupferdraht entstanden?
Zwei Schotten haben gleichzeitig einen Kupferpfennig gefunden.

Sie übernachten in einem alten englischen Schloss. Um Mitternacht werden sie wach. Es knackt und raschelt und stöhnt draußen auf dem Flur. Sind das Gespenster?
»Sieh nach«, flüstert Irmi.
»Sieh du nach«, flüstert Martina zurück. »Du bist besser in Englisch als ich.«

*

Rocker stürmen eine Kneipe.
»Raus, ihr Stinktiere!«, brüllen sie.
Und jeder verschwindet, so schnell er kann. Nur ein baumlanger Brite bleibt ruhig an seinem Tisch sitzen.
»Was ist los mit dir?«, brüllt der Rocker.
»Waren eine Menge Stinktiere da, nicht wahr?«, sagt der Brite.

*

Einer soll das Zifferblatt der Berner Rathausuhr streichen. Nach einiger Zeit kommt er ganz entnervt herunter und sagt: »Nein, das halte ich nicht mehr aus. Dieser verflixte Zeiger schlägt mir dauernd den Pinsel aus der Hand!«

*

Sie sind in Paris und stehen im Louvre vor der Mona Lisa.
»Echt toll«, flüstert Katrin andächtig. »Die sieht genau aus wie auf den Fotos!«

»Wo wart ihr in den Ferien?«
»In Südtirol, ganz hinten beim allerhöchsten Bergbauern.«
»Und wie war's?«
»Da war's so steil, dass die Hühner Steigeisen hatten, und wenn der Bauer Mist auf die Wiese tat, dann musste er ihn erst im Mund weich kauen, damit er kleben blieb!«

*

In einem Schweizer Uhrladen:
»Sie, die Uhr, die Sie mir vor vier Wochen verkauft haben, die geht schon nicht mehr!«
»So? Die geht nicht mehr. Dann seien Sie doch froh, dann nützt sie sich nicht so rasch ab!«

*

In Russland, als Stalin noch regierte, wird ein Preisausschreiben für Bildhauer veranstaltet. Sie wollen für den geliebten Dichter Puschkin ein Denkmal setzen.
Den dritten Preis bekommt der Vorschlag »Puschkin, stehend zu den Sternen blickend«.
Der zweite Preis wird dem Vorschlag zugesprochen »Puschkin, im Kreise seiner Freunde«.
Mit dem ersten Preis aber wird der geniale Einfall ausgezeichnet »Genosse Stalin, ein Buch von Puschkin lesend«.

*

Der Soldat Bluntschli bekommt einen Auftrag. Er soll zum Flughafen. Und dort dann in eine Maschine steigen, die ihn auf fünftausend Meter Höhe bringt. Dann soll er sich aus der Maschine stürzen, bis zehn zählen und dann die Reißleine für den Fallschirm ziehen. Unten, so heißt es, wird dann ein Jeep stehen, der ihn wieder zur Kaserne zurückbringt.

Der Soldat Bluntschli gehorcht. Er springt bei fünftausend Metern aus der Maschine, zählt bis zehn und zieht die Reißleine. Aber der Fallschirm öffnet sich nicht. Der Soldat zieht noch ein paarmal an der Reißleine, aber der Fallschirm geht nicht auf.

Da sagt der Soldat Bluntschi: »Lachen müsste ich ja, wenn der Jeep auch nicht da wäre!«

Der Soldat Bluntschli bekommt einen Auftrag. Er soll erkunden, ob die Brücke da vorne passierbar ist
a) für Infanterie und b) für Panzer.
Nach einer Stunde kommt Bluntschli zurück und meldet:
»Die Brücke ist passierbar für Panzer, aber nicht für Infanterie!«
»Das gibt es doch nicht«, sagt der Kommandeur. »Wenn die Brücke für Panzer passierbar ist, dann ist sie es erst recht für Infanterie!«
»Eben nicht«, sagt Bluntschli. »Da steht nämlich ein böser Hund davor!«

*

Warum sind die Schotten so mutige Männer?
Weil ihnen das Herz nicht in die Hose fallen kann . . .

*

Warum gibt es in der Schweiz so viele Häuser aus Holz?
Weil sie die Steine alle für ihre Berge gebraucht haben.

*

Warum hat der Stephansdom in Wien farbige Ziegel?
Damit es nicht hineinregnen kann.

*

»Jim!«, sagen sie zum alten Jim. »Du hast ein Gebiss wie eine hundertjährige Säge!«
Und wirklich. Schon einen Tag später kam er mit nagelneuen Zähnen daher.
»Mann!«, sagen da die anderen. »Wir wussten ja gar nicht, dass dein Bruder ein Zahnarzt ist!«
»Ist er ja gar nicht«, antwortet Jim.
»Was ist er dann?«
»Ooch, der arbeitet bei einem Leichenbestatter«, sagt Jim.

Wie kann man ein österreichisches U-Boot versenken?
Man schwimmt von unten hin und klopft an.
Dann macht bestimmt einer auf, um zu schauen, ob ein Deutscher draußen ist, der ihn ärgern möchte.

*

Seine Lordschaft ist verewigt. Tot, mausetot.
Am Grab legt der Butler James einen Kranz nieder. Und auf der Schleife steht:
»Das Feuer ist gelöscht. Die Türen sind alle abgesperrt. Alle Mausefallen sind aufgestellt. Die Fenster geschlossen. Das Haus ist sicher. Gute Nacht, Sir John.«

»Darf ich Ihnen ein Gläschen Wein anbieten?«, wird der Herr Hofrat in Wien gefragt.
»Bitte«, sagt der Herr Hofrat. »Also erstens ist heute Festtag. Da trink ich keinen Wein. Zweitens hab ich ein Gelübde getan, dass ich überhaupt keinen Wein mehr trinke. Und drittens hab ich heut schon einmal ein Glaserl getrunken, irgendwo. Aber viertens, na ja, noch ein Glaserl könnt vielleicht gar nicht schaden. Also, bitte, ja.«

*

Sir John steckt eine brennende Zigarette in den Mund. Weil Seine Lordschaft momentan etwas abwesend war, steckt er sie verkehrt in den Mund.
Ein tierischer Schrei, Indianertanz und große Aufregung. Dann wieder die gewohnte Gelassenheit. Und Lady Winterbotten stellt abschließend fest:
»Dabei hat Seine Lordschaft noch Glück gehabt, dass er seinen Irrtum so rasch bemerkt hat!«

*

Iren sollen noch sparsamer sein als Schotten, heißt es. Jedenfalls hat sich MacJoyce einen Anzug mit zwanzig Taschen machen lassen.
»Was soll das?«, fragt der Schneider.
»Wegen der Reinigung«, sagt MacJoyce. »Da stecke ich immer in jede Tasche ein Paar Socken.«

Und ein Schotte kam in eine Apotheke und verlangte:
»Bitte, geben Sie mir Arsen für fünf Pennys!«
»Tut mir Leid«, sagt der Apotheker. »Die geringste Menge Gift, die wir abgeben, kostet zehn Shilling!«
»Das ist ja Wucher!«, sagt der Schotte. »Also gut, unter diesen Umständen bleibe ich am Leben.«

Aber jetzt garantiert der letzte Schottenwitz:
»Papa«, sagt der Junge zu einem Schotten. »Meine Stiefel sind schon wieder durchgetreten!«
»Und wie oft muss ich dir noch sagen«, schimpft der Schotte, »dass du größere Schritte machen sollst!«

*

England ist ein tolles Land, hat einer gesagt. Man sollte nur ein großes Zeltdach drüberspannen.

Einsteigen und ab in die Ferien

Der TEE jagt zweimal am Tag durchs Dorf. Mit Höchstgeschwindigkeit, versteht sich.
Und zweimal täglich jagt Leos Fiffi hinter ihm her.
»Gibt der nicht mal auf?«, fragt einer den Leo.
»Nie!«, sagt Leo. »Ich frage mich nur, was er mit dem Ding macht, wenn er es einmal erwischt!«

*

»Unglaublich, wie lang dieser Tunnel ist. Das hört ja nicht mehr auf!«, sagt Rudi.
»Das kommt davon«, antwortet der Graf Bobby, »weil wir im letzten Waggon sitzen!«

*

Sie fahren nach Buxtehude. Mami hat größte Mühe, ihre Bande in Schach zu halten.
Und immer wieder fragt sie einen dicken Herrn, der auch im Abteil sitzt: »Wann sind wir in Buxtehude?«
Nach dem zweiundzwanzigsten Mal sagt der dicke Herr: »Da brauchen Sie nicht mehr zu fragen. Das merken Sie rechtzeitig am Aufatmen der anderen Fahrgäste.«

*

»Und bitte, geben Sie Acht auf den Abgrund«, sagt der Reiseleiter. »Hinter mir ist kein Geläääääääää. . .«

»Mieser Schuppen, dieses Restaurant«, schimpft der Vater. »Die Schnitzel klein, die Pommes zu wenig, der Kellner langsam . . .«
»Ja«, ergänzt der kleine Sohn, »und wenn wir nicht so schnell gewesen wären, hätten wir alles auch noch bezahlen müssen, gell, Papa!«

*

Radwanderung im Gebirge. Sie sausen den Hochpass hinunter, dass die Reifen quietschen.
»Mir wird ganz schwindlig!«, ruft Benni.
»Mach's wie ich«, brüllt Uli. »Schließ die Augen!«

*

Schlossbesichtigung. In einer Vitrine liegen zwei Totenschädel. Grausig das Ganze.
»Der rechte, der große Schädel, ist das Haupt von König Arthur dem Guten«, erklärt der Aufseher.
»Und der andere, der kleine?«
»Der ist auch von unserem König Arthur dem Guten, als er noch ein Kind war.«

*

»Herr Ober, die Suppe ist ja eiskalt!«
»Da kann ich nichts dafür. Sie haben die Speisekarte von gestern erwischt!«

»Herr Ober, haben Sie Froschschenkel?«
»Selbstverständlich, mein Herr!«
»Das ist gut. Dann hüpfen Sie doch mal schnell an die Theke und holen Sie mir ein kleines Bier.«

*

Es geschah an einer Berliner Bulettenbude.
»Eine Bulette und ein Brötchen«, sagt der Kunde.
Der Frittenfritze legt eine Bulette hin.
»Und ein Brötchen, habe ich gesagt«, meckert der Kunde.
»Das Brötchen«, sagt Fritze, »ist schon in der Bulette drin!«
»Dann geben Sie mir noch ein zweites Brötchen«, sagt der Kunde.
»Das zweite Brötchen, das is auch schon drin!«

*

Matthias ist der Meinung, dass sein Papa auch mal auf einen Berg sollte. Und dann bringt er ihn mit viel Mühe und guten Worten auf den Herzogstand. Oben japst, schwitzt und stöhnt der Papa.
Um ihn aufzumuntern, sagt Matthias: »Schau, Papi, wie schön es da unten ist!«
Schimpft Papa: »Dich soll der Blitz treffen! Was schleppst du mich da herauf, dass ich sehen soll, wie schön es da unten ist?«

Der Graf Bobby aus Wien ist auf dem Rennplatz.
»Du, Bobby!«, sagt da der Rudi zu ihm. »Schau, dort drüben ist einer, der ist mit uns in die Grundschule gegangen.«
»Wo?«
»Dort! Der mit dem schwarzen Vollbart!«
»Aber geh«, sagt Bobby, »in unserer Klasse haben wir doch keinen mit einem Vollbart gehabt!«

*

»Herr Ober, ich warte schon seit zwei Stunden! Haben Sie mich vergessen?«
»Aber nein, Sie sind der gehackte Kalbskopf!«

*

Empört ruft der Gast: »Herr Ober, mein Schnitzel ist hart!«
»Mein Herr«, antwortet der Ober versonnen. »Das ganze Leben ist hart!«

*

»Darf man in Ihrem Lokal sitzen bleiben, solange man etwas verzehrt?«, fragt der Penner Schlaffi.
»Ja, warum nicht«, sagt der Ober.
»Gut«, meinte Schlaffi. »Dann bringen Sie mir bitte einen Kaugummi!«

*

Familie Schmalstich fährt in Erholungsurlaub.

Sie sitzen im TEE und die Bande randaliert, dass sich die Fenster nach außen biegen.

Da regt sich so ein Nerven-Softie auf. »Wenn jetzt nicht gleich Ruhe ist«, sagt er zu Papa Schmalstich, »dann kriegen Sie ernsthaft Ärger durch mich!«

»Jetzt hören Sie mal zu«, sagt Papa Schmalstich. »Meine Frau hat das Gepäck am Bahnsteig vergessen, unser Klausi hat soeben die Fahrscheine zerrissen, mir wurde im Wartesaal die Brieftasche geklaut, Sieglinde hat die Pässe zum Fenster hinausfallen lassen und außerdem sitzen wir im falschen Zug. Und jetzt kommen Sie und glauben, Sie könnten mir noch Ärger machen!«

*

»Herr Ober, in meinem Lammragout schwimmt ein Hörgerät!«, ruft der Gast.

»Ich kann Sie leider nicht verstehen«, antwortet der Ober.

»Papi!«, ruft Bibi, der Bastler. »Deine Uhr ist wirklich wasserdicht! Ich hab sie heute Morgen mit Wasser gefüllt. Und bis jetzt ist noch nicht ein Tropfen herausgekommen!«

*

In Köln: Tünnes und Schäl treffen sich. Schäl erzählt:
»Ich hab eine prima Gelegenheitsarbeit! Der Zirkus hat mich einen ganzen Monat angestellt!«
»Als wat denn?«, fragt Tünnes.
»Als Zwerg.«
»Jeck! Du bei deiner Länge!«
»Dat is ja die Sensation: der größte Zwerg Europas!«

*

Berlin am Bahnhof Zoo.
Fragt ein eiliger Reisender einen herumstehenden Berliner:
»Sie, wo lässt man sich am besten rasieren?«
»Am besten im Jesicht«, sagt der Berliner.

*

»Unser Klein Erna geht jetzt in die höhere Schule«, sagt die Mama. »Was die da alles lernt! Englisch, Französisch . . .«
Da kommt Klein Erna selbst vorbei. Und die Mama ruft:
»Ach Erna, sag der Tante mal Guten Tag auf Algebra!«

*

»Schade, dass wir nicht schon früher in Ihrem Lokal waren!«

»So, hat es Ihnen bei uns geschmeckt?«

»Nein. Dann wären wir heute nicht hier!«

*

Im Strandhotel Meeresblick:

Ober: »Wie hat Ihnen die Suppe geschmeckt?«

»Wenn das Suppe war«, antwortet Simon, »dann sind wir zwei Wochen lang auf Suppe gesegelt!«

»Dieser Tisch ist reserviert«, sagt der Ober.
»Gut, dann stellen Sie ihn weg und bringen einen anderen!«

*

»Herr Ober, dieses Grillhähnchen besteht nur aus Haut und Knochen.«
»Verzeihung, wenn Sie darauf Wert legen, werden selbstverständlich die Federn sofort nachgeliefert!«

*

»Die Zimmer in Ihrem Hotel sind aber sehr niedrig!«
»Das kommt davon, weil unsere Teppiche so dick sind«, sagt der Hotelmanager.

*

»Wie war's im Urlaub?«
»Zehn Liter Sonnenöl haben wir verschmiert!«
»So heiß?«
»Nein, dass der Regen besser ablief!«

*

Sie betrachten den Sternenhimmel.
»Das dort ist der Große Wagen«, erklärt Vati.
»Und wie viele PS hat der?«, fragt der kleine Uli mit der großen Klappe.

»Herr Ober! Sollen wir hier sitzen, bis wir verhungert sind?«
»Das geht leider nicht. Wir schließen um zehn Uhr.«

*

»Herr Ober, bitte einen Zahnstocher!«
»Tut mir Leid«, sagt der Ober, »die sind zurzeit alle besetzt!«

*

Beate ist sehr traurig.
»Mein Strolchi ist entlaufen«, klagt sie.
»Gib doch eine Anzeige in die Zeitung«, rät man ihr.
»Nützt doch nichts. Mein Strolchi kann ja nicht lesen«, sagt sie.

*

»Sie angeln hier! Das kostet zehn Euro Strafe!«
»Ich angle ja gar nicht, Herr Wachtmeister. Ich bade ja nur meine Würmer.«
»Dann kostet es zwanzig Euro. Baden ist hier erst recht verboten!«

*

»In deiner Hosentasche habe ich einen lebenden Frosch gefunden!«, sagt Mutti entsetzt.
»Sag bloß, die Würmer, die Schnecken und die weiße Maus waren nicht mehr drin!«, ruft Benni.

*

Mitten im Frankenwald ist ein einsamer See. Am Ufer sitzt Herr Randomir und angelt.

Da kommt ein Polizist und sagt: »Das kostet zehn Euro. An diesem See ist Angelverbot.«

Herr Randomir zieht seine Geldbörse heraus und reicht dem Polizisten einen Zwanzig-Euro-Schein hin. Kleiner hat er's nicht.

»Das ist jetzt dumm«, sagt der Polizist. »Ich kann nicht herausgeben. Und wo kann man schon im einsamen Frankenwald wechseln lassen!«

Herr Randomir weiß es auch nicht.

Da hat der Polizist eine Idee: »Jetzt ziehen Sie sich nackt aus und springen ins Wasser«, sagt er zu Herrn Randomir. »Das kostet auch zehn Euro und wir sind quitt!«

*

In Sachsen meint einer: »Ich weeß nich, was de Leute immer mit dem Karl May ham. Nu hab ich schon hundert Seiten gelesen und es wird nicht spannend.«

»Was lieste denn vom Karl May?«

»Das Kapital.«

»Aber das ist doch vom Karl Marx!«

»Ach so, drum kommen da so wenich Indianer vor!«

*

In der Sauna gibt der Bademeister dem Kunden einen kräftigen Klaps auf den Po.
»Ja, sagen Sie mal«, beschwert sich der. »Gehört das zum Service?«
»Das nicht. Aber die Glocke ist kaputt. Da weiß dann mein Kollege, dass er die Nächsten reinlassen kann.«

*

Ein Weinbauer beim Doktor.
»Und wie hat die Medizin gewirkt?«, fragt der.
»Großartig, großartig«, sagt der Winzer.
»Mei Huschte is weg, de Kinder ihre Ausschlag, dem Opa sei Forunkel und mit dem Rescht hat mei Frau den Keller putzt.«

»Im Urlaub sind wir an einem Tag dreißig Kilometer gewandert!«
»Und ich soll dir das glauben?!«
»Frag doch den Lukas, der war dabei!«
»Ach so, zu zweit!«

*

»Ist wenigstens die Bettwäsche sauber?«, fragt der Feriengast, nachdem ihn schon sonst das Hotel nicht gerade begeistert hatte.
»Aber selbstverständlich«, sagt der Portier. »Ihre Vorgänger haben jeden Tag im See gebadet!«

*

»Wenn man hier in Kaufbeuren ein Loch in die Erde bohrt, bis zum Mittelpunkt und unten wieder raus«, fragt der Lehrer, »wo meint ihr, kommt man dann raus?«
»Also«, sagen sie, »wenn man bis ganz unten bohrt, dann kann's schon sein, dass man in Memmingen wieder rauskommt.«

*

»Aber Schäl! Warum trinkste denn so viel!«
»Ich muss vergesse!«
»Wat musste vergesse?«
»Dat hab ich längst vergesse!«

Einer kommt atemlos zum Bahnhof. Und in diesem Moment fährt der Zug zur Halle raus!
»Haben Sie den Zug verpasst?«, fragt da eine alte Dame.
»Nein, nein«, sagt er. »Ich wollte ihn nur aus der Halle scheuchen!«

*

»Ihr Sohn hat einen Stein nach mir geworfen!«
»So was tut mein Sohn niemals!«
»Er hat es aber getan!«
»Und? Hat er Sie getroffen?«
»Nein.«
»Dann war es nicht mein Sohn!«

»Können Se Esperanto?«

»Aber klar, wie ein Eingeborener!«

*

Sie kommen in den Wald.

»Schau, da ist ein Ameisenhaufen!«, sagt Vati.

»Toll«, meint Uli. »Wie kann so ein kleines Tier so einen großen Haufen machen!«

*

Herr Kleinlein irrt durchs Hochhaus-Hotel.

Ein Flur ist wie der andere.

Da, endlich kommt ein Etagenkellner.

»Verzeihen Sie«, fragt Herr Kleinlein. »Wo ist hier der dritte Gang links?«

*

Aufschrift an der großen Hoteluhr im Speisesaal: »Nur für Hotelgäste!«

*

»Was soll das?«, beschwert sich Vati beim Hotelportier.

»Da stehen fünf Euro für einen Fernseher auf der Rechnung. Wir hatten gar keinen Fernseher!«

»Das schon«, sagt der Portier. »Das ist, weil wir uns einmal einen Fernseher anschaffen möchten!«

»Glauben Sie, dass man sich bei Ihren Frikadellen nicht eine Magenverstimmung zuzieht, wie die riechen?«, sagt der Gast.
»Also, hören Sie mal«, antwortet der Wirt. »Für die lausigen fünf Euro können Sie von mir zwar ein Essen erwarten, aber nicht eine ärztliche Beratung! Klar?«

*

Sie fahren in die Ferien. Im Zug hat Karlo brav eine Tüte Kirschen aufgegessen.
»Und du hast die Kerne hoffentlich nicht aus dem Fenster gespuckt?«, fragt Mutti.
»Natürlich nicht«, sagt Karlo. »Ich habe sie alle dem Herrn, der soeben ausgestiegen ist, in die Tasche gesteckt.«

»Mann, oh Mann, müsst ihr im Urlaub aber gefressen haben!«
»Wieso?«
»Weil du so dicke Backen hast!«
»Das kommt daher, weil ich denen allen immer die Luftmatratzen aufpusten musste!«

*

Auf der Fahrt nach Hamburg muss Uli Mömmelmann mal aufs Klo.
Als er fertig ist, findet er sein Abteil nicht mehr. Darum fragt er den Schaffner, was er machen soll.
»Ja, kannst du dich denn an gar keine Einzelheit mehr erinnern?«
»Doch, einmal haben Kühe vor dem Fenster geweidet.«

*

»Warum hast du deinen Lehrer nicht gegrüßt?«
»Wieso? Jetzt in den Ferien?«

*

Sie müssen zum Zug. Und wie immer rennen sie wie die Weltmeister.
Und trotzdem ruft Vati: »Los, beeilt euch!«
Da japst Uschi: »Vati! Können wir uns nicht etwas langsamer beeilen?«

»Herr Ober, hier fehlen ja sämtliche Stühle!«
»Aber Sie haben ja nur einen Tisch bestellt!«

*

»Das Essen hier war miserabel. In der Suppe und im Braten war so gut wie kein Salz!«
»Das ist kein Problem«, sagt der Ober. »Das fehlende Salz wird selbstverständlich sofort nachgeliefert!«

*

»Ich möchte morgen um acht mit einem Küsschen geweckt werden«, sagt der smarte Hotelgast zum Zimmermädchen.
»Aber selbstverständlich, mein Herr«, antwortet das Zimmermädchen. »Ich werde es dem Hausdiener ausrichten.«

*

»Der Schweinsbraten ist gestrichen«, sagt der Ober.
»In welcher Farbe?«, fragt der Gast.

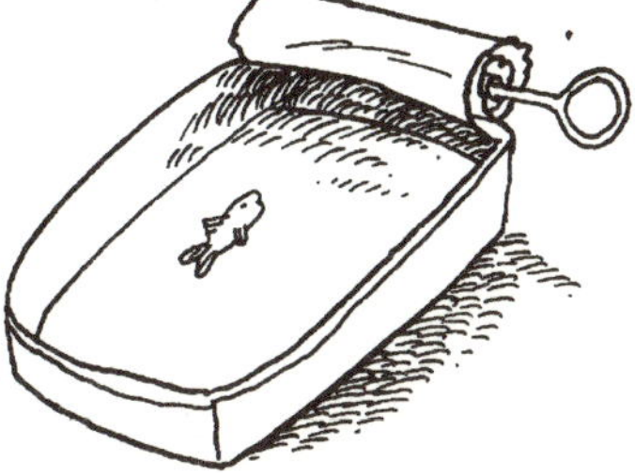

Und eines Tages hängt eine Tafel im Flur:
»Toiletten gesperrt – bitte benützen Sie die Südterrasse.«

*

Schäl muss ins Krankenhaus. Am Empfang wird er gefragt:
»Haben Sie Pyjamas?«
»Pyjamas? Enä. Ich glaube nit. Der Doktor hat was von Blinddarmentzündung gesagt.«

*

»Ich hab nur Schuhgröße 39«, sagt der Sepp.
»Aber stinken tust für Größe 45«, sagt der Franz.

*

»Wo fährst du hin?«, wird der Graf Bobby gefragt.
»Nach Sicht.«
»Wo ist das?«
»Keine Ahnung. Aber im Radio haben sie gebracht: Gutes Osterwetter in Sicht.«

»Wie kommt man nach Kleinhinterhausen?«, fragt der Fremde.
»Das ist ganz einfach«, antwortet der Einheimische. »Da gehn Sie jetzt zehn Minuten ungefähr auf der Landstraße, bis ein Weg kommt, auf dem steht ›Verbotener Weg‹, auf dem gehn Sie so lang, bis Sie an die Stelle kommen, wo sich voriges Jahr der Schuster–Kalle das Bein gebrochen hat. Da zweigen Sie rechts ab und sind dann in vier Stunden in Kleinhinterhausen.«

*

»Papi, darf ich mal von deinem Bier trinken?«
»Damit musst du warten, bis du groß bist!«
»Dann ist das Bier warm geworden!«

*

»Wie war's im Winterurlaub?«
»So lala.«
»Und wo hast du dich herumgetrieben?«
»Eine halbe Stunde auf der Piste und vier Wochen im Kreiskrankenhaus.«

*

Sitzt einer da und angelt in aller Ruhe.
Kommt ein anderer hinzu und fragt: »Beißen sie?«
»Wenn man mich in Ruhe lässt, beiße ich nicht«, sagt der Angler.

»Tom hat sich Wasserski gekauft. Und jetzt kann er nicht fahren.«
»Wieso?«
»Er hat noch keinen abschüssigen See gefunden.«

*

»Wie war's in den Alpen?«
»Eigentlich ganz schön«, sagt Hein Jensen. »Nur sieht man von der Landschaft nicht viel. Weil überall Berge herumstehen und die Sicht versperren.«

*

»Sagen Sie mal«, fragen sie den Bauern, »lohnt sich das eigentlich noch mit Ihren Kühen da? Wo es heutzutage doch überall Dosenmilch gibt!«

Studienrat Fliege kommt ins Fotohaus.
»Einen Farbfilm, bitte«, sagt Studienrat Fliege.
»Vierundzwanzig mal sechsunddreißig?«, fragt der Verkäufer.
»Ist achthundertvierundsechzig«, sagt Studienrat Fliege, »aber warum fragen Sie mich das jetzt?«

*

»Toll, so eine Thermosflasche. Im Winter hält sie den Tee warm und im Sommer hält sie die Limo kalt!«
»Ja«, sagt Alexander, der immer zu viel denkt, »und dass so eine kleine Thermosflasche weiß, wann Sommer und wann Winter ist!«

*

Rast einer mit einem Jaguar durch Frankfurt. Natürlich zu schnell.
Ein Polizist stoppt ihn: »Wo soll's hin? So eilig?«
»Zum Goethehaus!«
»Da brauchen Sie sich nicht so zu beeilen. Goethe ist schon vor einiger Zeit gestorben!«

*

»Sie haben geschrieben: ›Vor dem Haus ist ein See.‹ Das ist ein glatter Schwindel!«, protestieren die Feriengäste.
»Ach so, den See! Den hatten wir auch. Aber dann hat so ein Trottel Löschpapier hineingeworfen«, sagt der Vermieter.

WIE KOMM ICH INS NÄCHSTE DORF?
IMMER GERADEAUS UND NACH ZWEI TAGEN LINKS ABBIEGEN!

»Wie weit ist es nach Kleinkleckershausen?«
»Zu Fuß dreißig Minuten. Mit dem Bus zweieinhalb Stunden.«
»Sie meinen wohl: Umgekehrt!«
»Nein, stimmt schon. Der Bus fährt erst in zweieinhalb Stunden!«

*

»Und hier«, sagt der Schlosserklärer, »ist das Schauer erregende Gemach, in dem einst Hugo der Einäugige seine edle und schöne Gemahlin Euphrosine mit einem Schürhaken durchbohrt und dann verhungern hat lassen. Die Besucher dieses Raumes sind jedes Mal so ergriffen, meine Damen und Herren, dass sie mir mindestens einen Euro in die Hand zu drücken pflegen . . .«

*

»Herr Ober! In meiner Suppe schwimmt eine Fliege!«
»Aber nicht mehr lange. Von oben lässt sich bereits eine Spinne herab!«

*

»Herr Ober, spielt die Kurkapelle alles, was sich der Gast wünscht?«
»Selbstverständlich, mein Herr, alles.«
»Gut. Dann sagen Sie den Leuten, sie sollen mal eine Stunde lang Skat spielen!«

»Ich möchte ein Kilo Schweinebauch. Aber bitte ein recht schönes Stück!«, sagt die Kundin.
»Gerne«, antwortet die Metzgerfrau. »Sehn Se mal det Stück an. Ein schöneres gibt es jar nich. Det Schwein muss mal jeradezu ein Manneken gewesen sein!«

*

Urlaub in Moorenden. Es ist zum Auswachsen.
»Sag mal, ist bei euch überhaupt nichts los?«, fragt einer den Wirt.
»Doch, doch«, sagt der. »Warte mal noch vierzehn Tage, dann haben wir eine Mondfinsternis hier!«

*

»Soll ich dem Schilehrer Praxentaler etwas schenken zum Abschied?«, fragt Luise.
»Oh ja, gute Idee«, meint der Bruder. »Schenk ihm am besten gleich deine Schier mitsamt den Stöcken!«

*

Sie übernachten in 2 000 Metern Höhe. Durch die Ritzen der Berghütte pfeift der Sturm.
»Hörst du den Föhn?«, flüstert Irmi.
»Quatsch«, sagt der Bruder. »Wer soll sich um diese Zeit hier oben die Haare waschen!«

»Und wie ist bei euch das Klima?«, wird der Fremdenverkehrsfritze gefragt.
»Einfach sensationell!«, tönt er. »Als wir unseren neuen Friedhof endlich einweihen wollten, mussten wir eigens jemanden umbringen!«

*

Es regnete, was nur so herunterging. Die Halligen meldeten »Land unter«. Und irgendwo in dem ganzen Trubel schwamm eine Mütze hin und her.
»Schau«, sagte Piet zu Hein. »Da schwimmt eine Mütze hin und her!«
»Nein«, sagte Hein. »Da schwimmt keine Mütze hin und her. Das ist der Bauer Steffen. Der mäht seine Wiese bei jedem Wetter.«

»Dies, meine Herrschaften, ist die berühmte Schlucht, in die jedes Jahr zehn bis zwanzig Wanderer stürzen!«, erklärt der Fremdenführer.
»Ja, sagen Sie mal«, fragt einer der Zuhörer. »Wenn die Schlucht so gefährlich ist, warum macht man da kein Geländer hin, damit nicht mehr so viele abstürzen?«
»Ja, weil, wenn nicht mehr so viele abstürzen, dann ist sie ja nicht mehr so berühmt, die Schlucht«, meint der Fremdenführer.

*

Ferien am Meer und es ist saukalt!
»Aber am Wochenende werden wir dreißig Grad haben!«, sagt Karsten.
»Nicht möglich!«
»Doch. Fünfzehn Grad am Samstag und fünfzehn am Sonntag!«

*

Sitzt ein Kunstmaler am Strand und malt an einem Sonnenuntergang.
Kommt die Familie Schmalstich vorbei.
»Seht ihr«, meint Papa Schmalstich zu den Seinen. »So muss man sich abplagen, wenn man nichts gelernt hat und sich keinen Fotoapparat kaufen kann!«

»Sind das griechische, holländische oder italienische Tomaten?«, fragt die Kundin am Münchner Viktualienmarkt. »Wieso?«, will die Standfrau wissen. »Wolln Sie sich unterhalten mit den Tomaten?«

*

»Und sei sparsam im Urlaub«, mahnt Frau Memmelmann. »Nimm die Brille ab, wenn es nichts Besonderes zu sehen gibt!«

Im Urlaub ist große Erziehung angesagt und Rudi soll sich endlich anständige Ausdrücke angewöhnen! Das geht dann so weit, dass Rudi eines Tages ruft: »Schau, Mami, da ist ein Mundwurfhügel!«

*

Oliver kommt mit dem Fahrrad angebraust, bremst, rutscht und landet im Straßengraben.
Dümmlich fragt Frau Weckerl: »Bist hingefallen?«
»Nö«, sagt Oliver. »Ich steig immer so ab.«

*

»Und was hat der Doktor zu dir gesagt?«, wird der Steften-Sepp gefragt.
»Oh mei«, sagt der Sepp. »›Ihre Leber ist eine einzige Katastrophe›, hat der Doktor gesagt. Und dass ich ein halbes Jahr lang nur noch Brei zu mir nehmen darf, hat er auch gesagt.«
Und dann sinniert der Sepp weiter: »Wenn ich jetzt nur wüsst, was in so einem Fall das Beste ist: Löwenbrei, Franziskanerbrei oder Hofbrei.«

*

Merke: Konservengerichte sind leichter verdaulich, wenn man vor dem Verzehr die Dose entfernt!

Der Sommergast geht zum Dorffriseur und lässt sich rasieren.
Der Friseur holt die Seifenschale, spuckt kräftig hinein und beginnt Schaum zu schlagen.
»Ja, hören Sie mal!«, schimpft der Sommergast. »Machen Sie das immer so?«
»Immer nicht«, sagt der Friseur. »Nur bei den Gästen. Den Einheimischen spucke ich gleich ins Gesicht.«

*

Susi schreibt ihrem Opa.
»Mensch! Warum malst du so riesige Buchstaben!«, mischt sich Karsten ein.
»Ja, weißt du«, sagt Susi, »unser Opa ist nämlich schwerhörig.«

*

Müllers haben eine neue Wohnung. Katharinchen Müller ist mächtig stolz darauf und zeigt sie ihren Freunden. Und einen Kamin haben sie auch. Und auf dem Kamin steht eine schöne, alte Urne.
»Da ist die Asche von unserem Vati drin«, flüstert Katharinchen.
»Oh«, sagen da die Freunde.
»Ja«, sagt Katharinchen. »Weil Vati immer so faul ist den Aschenbecher zu holen.«

Bei einer Party machen sie ein Spiel: »Was würdest du tun, wenn du Millionär wärst?« ist die Frage.
»Auweia«, sagt Karl-Otto mit der Krawatte. »Da müsste ich mich aber wahnsinnig einschränken!«

*

»Verdammt noch mal, wissen Sie denn nicht, dass Ihr Hund die ganze Nacht bellt!«, schimpft der Nachbar.
»Da machen Sie sich mal keine Sorgen«, sagt Frau Schmalstich. »Dafür pennt er den ganzen Tag.«

Ein paar Stationen mit Ganoven

»Sie wünschen?«, fragt der Waffenhändler.
»Einen Revolver, bitte«, antwortet Gamaschen-Willy.
»Soll es etwas Größeres sein oder ein kleiner?«
»Na ja, so ungefähr für fünf Personen«, meint Willy.

*

»Was hat der Angeklagte gesagt, nachdem Sie ihn mit Ihrem Fahrrad umgefahren hatten?«, fragt der Richter.
»Also, Herr Vorsitzender, Ausdrücke waren das. Nein, die kann ich anständigen Menschen gegenüber gar nicht wiederholen«, meint der Zeuge.
»Dann kommen Sie her«, antwortet der Richter, »und sagen Sie es mir.«

*

»Also«, sagt der Richter. »Sie sind zwanzig Mal mindestens mit demselben Fahrschein gefahren! Was haben Sie sich dabei gedacht?«
»Ich habe mir gedacht, das ist wegen dem Umweltschutz«, sagt Schlaffi, der Penner. »Wissen Sie, ich bring es einfach nicht übers Herz, einen fast noch neuen Fahrschein wegzuwerfen. Das ist doch alles verschwendete Energie! Oder nicht?«

*

»Wie viel hat der Bankräuber erbeutet?«, will der Reporter vom Sheriff wissen.
»Zehntausend Dollar«, sagt der Sheriff und denkt eine Weile nach. Dann meint er: »Ach, wissen Sie, was, schreiben Sie zwölftausend Dollar. Dann kriegt der Kerl einen Saukrach mit seiner Alten.«

*

Bronzi spaziert friedlich in Chicago herum.
Da begegnet ihm ein alter Herr mit einem langen weißen Bart und einem roten Mantel.
»Ich bin der liebe Weihnachtsmann«, sagt der alte Herr, »und ich möchte dir diese Geldbombe mit zehntausend Dollar schenken, weil du in der letzten Zeit so brav warst.«
Das ist eine sehr schöne Geschichte. Aber das Dumme daran ist, der Richter hat sie nicht geglaubt.

*

»Und warum haben Sie die Brieftasche mit den tausend Dollar nicht sofort zurückgegeben?«, will der Kommissar wissen.
»Es hätte sonst ausgesehen«, meint Chaoten-Heini bescheiden, »als ob ich mit meiner Ehrlichkeit prahlen wollte.«

*

»Und warum haben sie dich eingesperrt?«

»Weil mein Handschuh einem Polizisten ins Gesicht geflogen ist.«

»Und da waren die gleich so sauer?«

»Ja. Weil ich vergessen habe ihn vorher auszuziehen.«

*

Bill Clark, der Chef vom Syndikat, steht vor Gericht.

Und Nick, dem nicht mehr zu helfen ist, soll für ihn als Zeuge aussagen.

»Wissen Sie«, fragt der Richter streng, »wie viel Sie für einen Meineid bekommen können?«

»Oh ja«, antwortet Nick. »Fünfhundert Dollar sind in jedem Fall drin, hat Bill gesagt.«

*

»Papi«, sagt das Söhnchen vom Gamaschen-Willy.

»Brauch ich jetzt einen Waffenschein, wo ich doch unter die Abc-Schützen gekommen bin?«

»Und wie haben Sie gemerkt, dass es sich um Diebe gehandelt hat und nicht um Möbelträger?«, fragt der Richter.
»Weil sie so schnell gearbeitet haben«, antwortet die Zeugin.

*

Fuzzi, der Trickreiche, wurde mit drei Autoradios in der Centrum-Tiefgarage erwischt. Jetzt steht er vor dem Richter.
»Das Gericht zahlt Ihnen selbstverständlich einen Verteidiger!«, sagt der Richter.
»Hohes Gericht«, sagt Fuzzi. »Das ist wahnsinnig nett von Ihnen. Aber wenn Sie schon Geld ausgeben wollen für mich, dann zahlen Sie mir doch gleich einen Zeugen, der beschwört, dass ich noch nie in meinem Leben in der Centrum-Tiefgarage gewesen bin!«

*

»Schluss jetzt«, sagt der Richter. »Ich verurteile Sie hiermit zu vier Wochen Gefängnis. Oder wären Ihnen tausend Euro lieber?«
»Also, wenn Sie mich so fragen«, sagt der Angeklagte, »dann nehme ich natürlich das Geld. Und vielen Dank auch!«

*

»Warum haben sie Falschgeld gemacht?«, sagt streng der Richter.
»Also, das war so, hoher Herr Gerichtshof! Ich hab ja dauernd versucht echtes Geld zu machen. Aber es ist mir nicht ums Verrecken gelungen!«

*

»Gute Nachricht für euch«, sagt der Wärter zu seinen Pflegebefohlenen im Knast. »Draußen ist das scheußlichste Wetter, das man sich denken kann!«

*

»Hast du jetzt einen Job?«, wird der sanfte Henry gefragt.
»Ja. Ich putze dem Billy Clark seine Bomben und Handgranaten.«
»Mensch! Aber wenn eines Tages der ganze Scheiß in die Luft fliegt!«
»Ist doch mir egal. Gehört mir ja nicht!«

»Unser Kleiner ist erst sechs Monate und sitzt schon«, sagt Frau Bronzi.
»Erstaunlich. Und was hat er angestellt?«, fragt die Frau vom Gamaschen-Willy.

*

Der Bankräuber schiebt dem Kassierer einen Zettel hin:
»Dies ist ein Überfall. Geben Sie alles Geld raus!«
Schiebt ihm der Kassierer einen anderen Zettel hin:
»Bringen Sie Ihre Krawatte in Ordnung. Sie werden soeben fotografiert!«

*

Billys Bar ist pleite.
Der Gerichtsvollzieher kommt, um aufzuschreiben, was noch an brauchbaren Sachen vorhanden ist.
Nach einigen Stunden hat er einen Zettel beisammen, auf dem steht:
»eine Theke,
ein Spielautomat,
eine halbe Flasche Cognac,
drei Flaschen Whisky,
drei halbe Flaschen Gin,
ein Tisch, der sich dauernd dreht . . . der sich dreht . . .«

*

»Du, das passt«, flüstert Fuzzi. »Heut Nacht können wir ausbrechen!«
»Darf ich nicht!«, flüstert Freddy zurück.
»Was darfst du nicht?«
»Ausbrechen.«
»Und warum nicht?«
»Bin Einbrecher!«

*

Mit Ganoven-Edi ist es aus. Zwei Stunden noch, dann schickt man ihn ins Jenseits.
Zuvor darf er sich noch etwas wünschen.
Er möchte noch einmal einen ordentlichen, starken Kaffee.
»Aber bitte mit Süßstoff«, sagt er. »Zucker ist für mich ungesund.«

Sie haben einen Taschendieb gefasst.

»Also gut«, sagt der Sheriff. »Du zahlst hundert Dollar Strafe, dann kannst du gehen.«

»Aber ich hab doch nur fünfzig Dollar«, jammert das arme Würstchen.

Da ist guter Rat teuer. Aber plötzlich weiß der Hilfssheriff, wie's weitergeht.

Er nimmt den Sheriff zur Seite und sagt:

»Chef, wir setzen den Kerl einen Tag lang auf freien Fuß. Und dann hat er die hundert Dollar!«

*

»Wollte Ihr Mann nicht für längere Zeit Urlaub machen?«, wird Frau Bronzi beim Gemüsehändler gefragt.

»Zuerst schon. Aber dann hat sein Anwalt noch mal Bewährung herausgeholt.«

*

Chaoten-Heini sitzt im Knast.

»Was haste gemacht?«, wird er gefragt.

»Den Kopf feste geschüttelt.«

»Darf man das auch nicht mehr?«

»Es war nicht mein Kopf. Es war der Kopf von einem Polente.«

*

Zwei Knastologen unterhalten sich:
»Welche Nummer hast du?«, fragt der eine.
»6 775 384«, sagt der andere. »Aber meine Freunde dürfen einfach 84 zu mir sagen.«

*

»Du!«, sagt einer zu seinem Freund. »Da hat dir eben einer dein Auto geklaut!«
»Verdammt! Kannst du den Kerl beschreiben?«
»Das nicht. Aber ich habe die Autonummer!«

*

»Oma«, sagt der Junge vom Tresor-Jimmy. »Gibst du mir Geld, damit ich mir vorne beim Obsthändler Orangen kaufe?«
»Ach was«, sagt Oma. »Streck ihm die Zunge raus, dann wirft er dir ein paar von den Dingern nach!«

*

Herr Kleinlein ist ein äußerst kaltblütiger Typ. Ziemlich lange schon wühlt ein Einbrecher in der Wohnung herum. Aber das kann Herrn Kleinlein nicht aus der Ruhe bringen. Er schleicht sich an den Klaubruder heran, drückt ihm einen Pistolenlauf ins Kreuz und sagt zynisch:
»So, mein Lieber. Heb mal schön die Pfötchen und bleib hier so lange stehen, bis ich die Patronen für meine Pistole aus dem Schlafzimmer geholt hab!«

»Hoher Gerichtshof, ich bin total unschuldig«, sagt Bronzi, der Taschendieb.
Der Richter lacht ganz gemein: »Das behaupten hier alle!«
»Sehen Sie«, meint Bronzi, »dann muss es ja wohl stimmen.«

*

»Also, Mister«, sagt der Verteidiger, »die Gerechtigkeit hat gesiegt. Sie sind freigesprochen. Jetzt können Sie mir sagen, wo haben Sie das Geld von dem Bankraub versteckt?«
»Also, ehrlich, Herr Doktor, ich war es diesmal wirklich nicht«, beteuert Tresor-Jimmy.
»Ja, verdammt noch mal«, sagt der Verteidiger. »Sie machen mir Spaß. Und wie wollen Sie dann mein Honorar zahlen?«

»Wie kommen Sie dazu, mitten auf der Straße eine solche Rauferei anzufangen!« Der Wachtmeister ist sauer.
»Meine finanzielle Lage, Herr Wachtmeister, erlaubte es mir nicht«, sagt Schläger-Ede, »mir zu diesem Zwecke eigens ein Lokal zu mieten.«

*

Wie lautete das letzte Wort von Jimmy, dem Bankräuber?
»Welcher Idiot hat mir eine Geige in den Geigenkasten getan?«

*

Tresor-Jimmy flippt aus.
»Da haben wir Idioten acht Wochen unter der Texas-Bank gebohrt und gebuddelt!«
»Und?«
»Und inzwischen ist diese Scheißbank Pleite gegangen!«

»Also«, sagt der Richter. »Der Zeuge hier hat Sie eindeutig erkannt. Sie sind derjenige, der in sein Schlafzimmer eingestiegen ist.«
»Das ist, möchte ich sagen, eine ausgesprochene Lüge«, antwortet Freddy, der Trickreiche. »Erstens bin ich nie in dem seinem Schlafzimmer gewesen. Und außerdem konnte er überhaupt nichts sehen. Er hat ja dauernd den Kopf unter der Bettdecke gehabt!«

*

Tommy und Jimmy schnüffeln im Büro vom Billy Clark, dem großen Gangsterboss, herum. Wegen belastender Dokumente und so.
Wie sie gerade beim schönsten Schnüffeln sind, hören sie draußen die Leibwächter vom großen Boss dahertrampeln. Und man kann sich leicht denken, was gleich passieren wird.
»Los! Jetzt nichts wie aus dem Fenster gesprungen!«, kommandiert Tommy.
»Mensch, wir sind ja im dreizehnten Stock!«, sagt Jimmy.
»Hör auf mit deinem Scheißaberglauben! Dazu ist jetzt keine Zeit!«, zischelt Tommy.

*

»Sag mal, du hast ja Dynamitstäbe in deiner Jackentasche?«, wird Nick gefragt.

»Ja. Das ist wegen Billy Clark, diesem Schwein. Der boxt mich immer in die Seite. Und zwar so, dass jedes Mal meine Zigarren hin sind. Das nächste Mal wird der sich aber wundern!«, sagt Nick, dem nicht mehr zu helfen ist.

Zirkus, Zoos und zahme Tiger

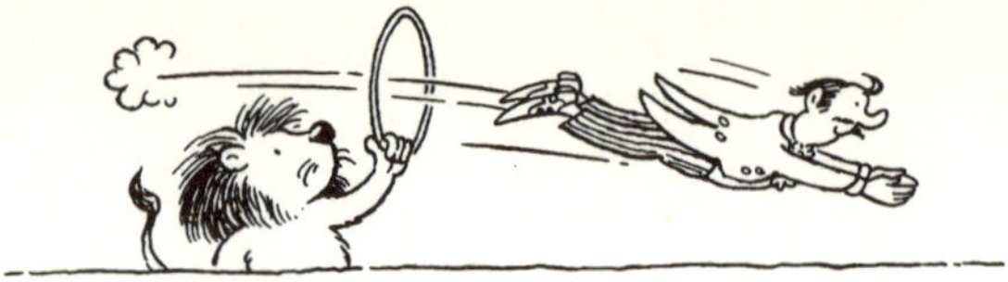

»Was fressen Eisbären?«, fragt ein gut angezogener Herr den Zoowärter.

»Beugen Sie sich einmal über die Brüstung«, antwortet der Wärter, »dann werden Sie es wissen . . . noch etwas weiter . . . noch weiter.«

Und später sagt der Wärter zu seinem Eisbären: »So, für heute muss das reichen.«

*

Im Zirkus klingelt das Telefon.

»Ich hab da eine supergeile Nummer«, sagt der am anderen Ende der Leitung. »Bei mir springt einer durch einen brennenden Reifen.«

»Alter Hut«, meint der Direktor. »So was macht heute jeder bessere Löwe.«

»Aber bei mir springt der Dompteur«, sagt der am anderen Ende.

»Wer spricht denn dort?«, fragt der Direktor.

»Der Löwe«, sagt der Anrufer.

*

»Wie ist dein Clown?«, wurde der Zirkusdirektor gefragt.

»Oje. Über den hab ich nur ein einziges Mal lachen müssen.«

»Und warum?«

»Als er mich um Gehaltserhöhung gebeten hat.«

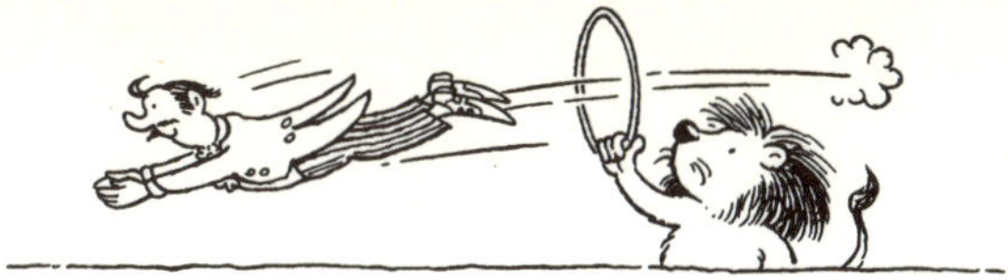

»Und dies ist der Artist, der immer seinen Arm in den Rachen von Löwen steckt. ›Theodor der Einmalige‹ hieß er früher.«
»Und jetzt?«
»Theodor der Einarmige.«

*

Sie bauen das große Zirkuszelt wieder auf.
Und dazwischen rennt der Direktor herum und brüllt: »Wenn ich den erwische, der dem Nilpferd das Niespulver gegeben hat!«

*

»Ist euer neuer Wachhund scharf?«
»Das kann man wohl sagen. Seit einer Woche versuchen wir wieder in unsere Wohnung zu kommen.«

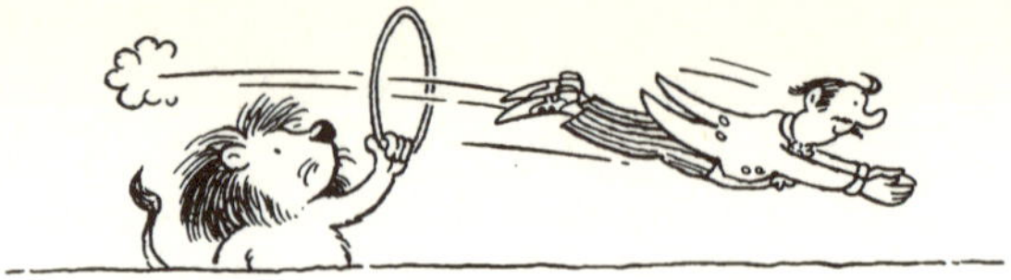

Maus und Elefant wollen über die Grenze. Aber der Elefant hat seinen Pass vergessen und muss zurück. Da kauft die Maus ein Brötchen, schneidet es durch und klebt dem Elefanten die eine Hälfte auf den Kopf und die andere Hälfte aufs Hinterteil.

Dann gehen sie wieder an die Kontrollstelle.

Die Maus zeigt ihren Ausweis vor.

»Und was ist das da?«, sagt der Grenzer und zeigt auf den Elefanten.

»Das da?«, sagt die Maus. »Das ist mein Reiseproviant.«

*

»Du, Onkel Oskar, gestern waren wir im Zoo«, erzählt Klausi.

»Und? War's schön?«, fragt Onkel Oskar.

»Und wie! Im Gorillahaus haben wir uns fast krankgelacht!«

»Wieso?«

»Da war ein Gorilla, der hat genau so ausgesehen wie du, Onkel Oskar!«

*

»Ich hab nämlich ein Pferd gekriegt«, sagt Uschi.

»Und jetzt brauche ich eine passende Hose!«

»Gerne«, sagt die Verkäuferin. »Und welche Konfektionsgröße hat das Tier?«

*

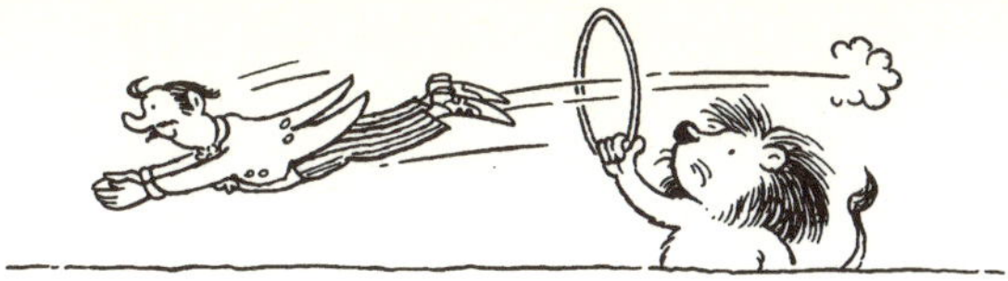

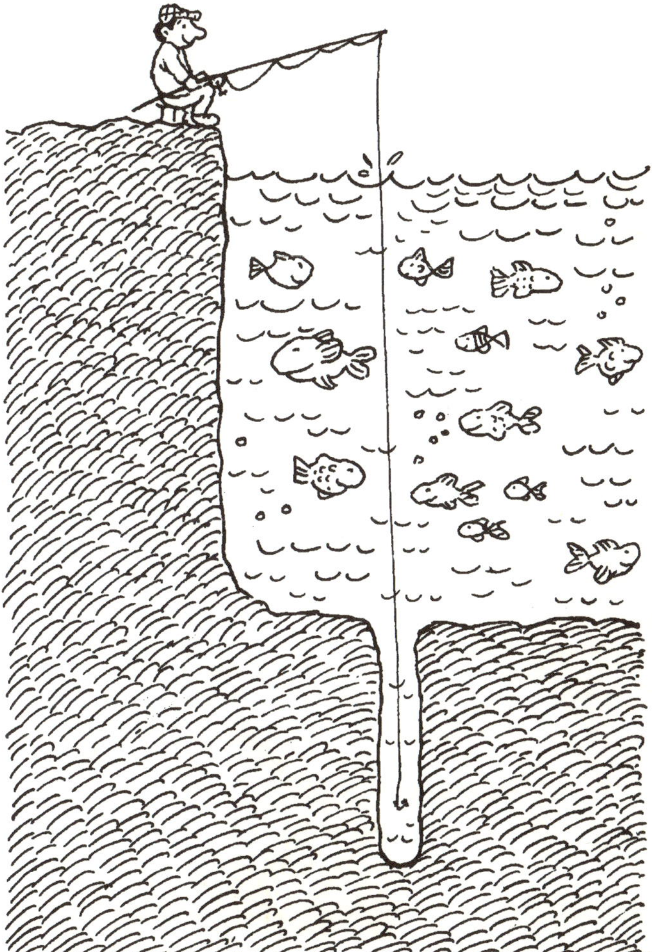

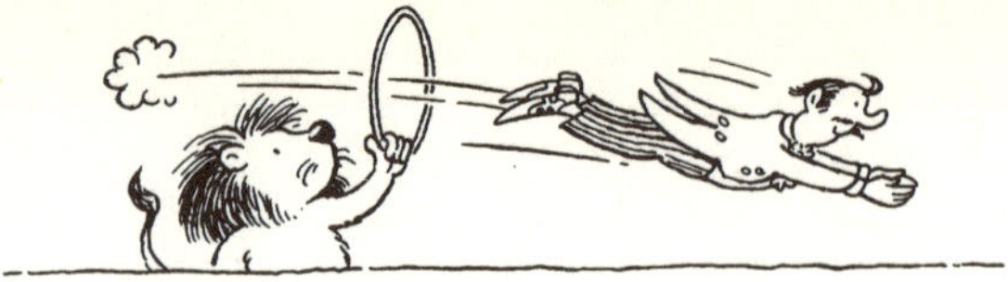

»Alles eine Frage der Organisation«, sagt der Zoodirektor. Sein Knüller war die Schau, wo eine Ziege und drei Tiger zusammen in einem Käfig ausgestellt waren.
»Wie schaffen Sie dieses Naturwunder?«, will man von ihm wissen.
»Alles eine Frage der Organisation«, antwortet er.
»Jeden Tag kommt eine neue Ziege in den Käfig.«

*

»Unser Papagei kann alles nachahmen. Sogar die Gitarre von Otto.«
»Sensationell! Und wie hält er die Gitarre, euer Papagei?«

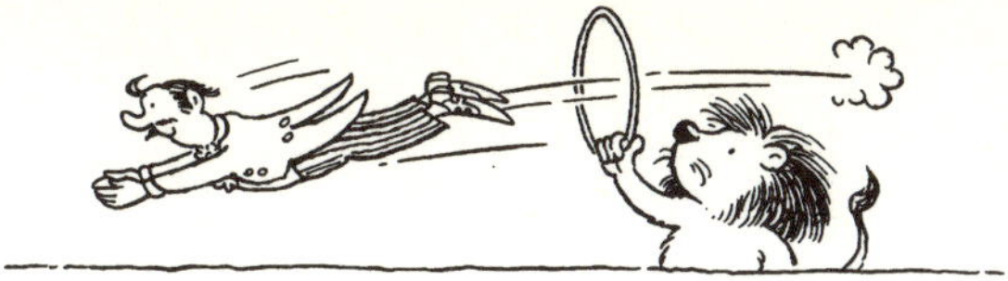

Theodor war in Spanien gewesen und hält sich nun für einen Fachmann für Stierkämpfe.
»Die Stiere«, erklärt er, »sind farbenblind. Sie reagieren überhaupt nicht auf Rot. Nur Kühe können Rot erkennen!«
»Und warum werden dann die Stiere so wild, wenn man ihnen ein rotes Tuch hinhält?«
»Weil sie glauben, dass man sie für Kühe hält!«

*

Es regnete ununterbrochen. Da beschlossen sie in die nahe Stadt zu fahren und sich den Tierpark anzusehen.
»Na, wie war's?«, werden sie abends gefragt.
»Nicht toll. Die Tiere hatten sich alle verkrochen. Nur ein ganz alter Mann mit einem langen Bart war zu sehen. Der hat an einer Arche gebaut.«

*

Herr Randomir geht mit seinem Elefanten in die Staatsoper, kauft zwei Eintrittskarten, dann setzen sie sich rein und schauen sich Carmen an.
In der Pause sagt der Nachbar zu Herrn Randomir: »Also, hören Sie, ich hätte nie geglaubt, dass ein Elefant eine Oper verstehen kann.«
»Ja, was glauben Sie«, sagt Herr Randomir. »Wenn ich dem vorher nicht einen Opernführer zu lesen gegeben hätte, die ganze Sache wäre glatt an ihm vorbeigelaufen. Und wie!«

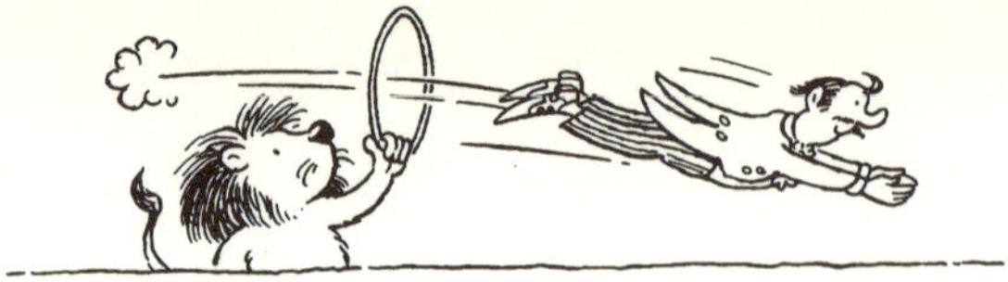

Sie sind im Zoo. Es dunkelt allmählich und der kleinen Elfi wird ein bisschen unheimlich.
Da stubst sie ihren Papi.
»Was ist?«
»Du, Papilein. Mal angenommen, dich frisst so ein böses Krokodil. Mit welcher U-Bahn kann ich dann heimfahren?«

*

»Geh nicht so nahe zu den Eisbären hin«, sagt Frau Schmalstich zu ihrem Otto. »Du bist sowieso schon erkältet!«

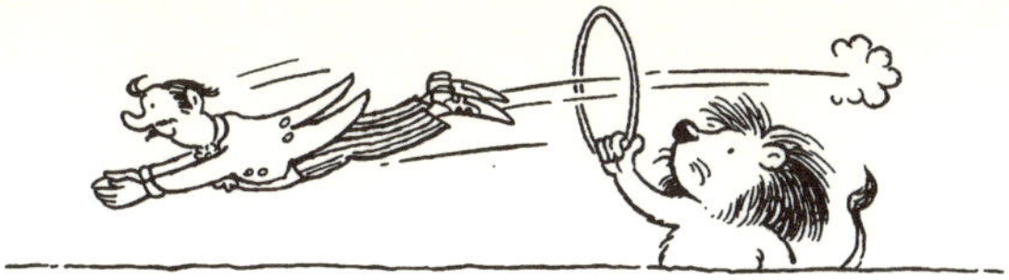

»Ich bin Hungerkünstler«, sagt der Artist zum Zirkusdirektor. »Kann ich bei Ihnen eine Anstellung kriegen?«

»Das lässt sich machen«, sagt der Direktor.

»Und was zahlen Sie?«

»Wenig. Ganz wenig. Dafür haben Sie dann die Verpflegung kostenlos.«

Mit Volldampf durch die Schullandschaft

»Wenn ein Kilo Tomaten drei Euro neunzig kostet«, fragt der Lehrer, »was kriegst du, wenn du sieben Euro achtzig hast?«
»Wenn ich sieben Euro achtzig habe«, meint Markus, »dann kriege ich bei Mario einen Tomatensalat mit Mozzarella.«

*

»Warum nur bist du in Geschichte so miserabel?«
»Das kommt daher, weil der Pauker immer solche Sachen fragt, die schon lange vorbei sind.«

*

Unser Karli muss zum ersten Mal in die Schule und bekommt dafür eine Schultüte.
»Na, gefällt sie dir?«, wird er gefragt.
Er sieht sich das Zeug an und meint: »Und wegen so was muss ich mich jetzt fast zehn Jahre lang abstressen!«

*

»Wenn das so weitergeht«, sagt der Lehrer Kleinheistermann, »wird dein Vater noch graue Haare bekommen.«
»Da wird er sich aber freuen«, sagt Dave, »er hat nämlich keine mehr!«

*

»Wir rechnen in der Schule auch schon mit Computer«, sagt der kleine Patrik.
»Komm, halt die Klappe und dreh nicht so auf«, meint der viel größere Bruder.
»Doch«, sagt Patrik. »Soll ich dir's zeigen? Zwei Computer und drei Computer sind fünf Computer.«

*

Klausi trifft Andi.
»Hast du jetzt nicht Schule?«, fragt Andi.
»Ja«, sagt Klausi. »Aber der Lehrer hat mich heimgeschickt, weil ich nicht gewaschen bin.«
Da überlegt Andi ein wenig und strahlt dann auf:
»Mensch, die Idee ist gar nicht so schlecht!«

Der Herr Kreisschulrat ist da und prüft die Klasse.
Bibelkunde ist angesagt.
»Wer hat die Mauern von Jericho zum Einsturz gebracht?«, fragt er den Kurti.
»Ich war's nicht«, sagt Kurti.
Das haut den Kreisschulrat glatt um und nach der Stunde macht er den Lehrer zur Schnecke.
»So ein unverschämter Lümmel«, sagt er, »der muss bestraft werden.«
»Er war's aber wirklich nicht«, sagt der Lehrer. »Ich kenne ihn gut.«
Da geht der Schulrat zum Direktor und schüttet sein Herz aus: »Was soll man dazu sagen!«
»Herr Schulrat«, sagt der Direktor. »Der Kurti stammt aus einer guten Familie. Wenn der sagt, er war's nicht, dann war er es auch nicht.«
Das reicht dem Schulrat. Er schreibt einen Brief an das Kultusministerium.
Und dann kommt ein Brief vom Kultusministerium zurück: »Für den Einsturz der Mauern von Jericho ist das Wohnungsbauministerium zuständig . . . usw.«

*

»Mein Sohn«, sagt der Vater, »ich bewundere dich! Es gehört viel Mut dazu, so ein Zeugnis herzuzeigen!«

»Mein Papa ist krank.«
»Was Ansteckendes?«
»Nö. Der Arzt sagt, er hat zu viel gearbeitet.«

*

»Wir hatten diesmal einen ausgesprochen milden Winter«, meint Robert. »Drei Professoren waren krank und einer fehlt immer noch.«

*

»Die Zahlen verdanken wir den Arabern«, erklärt Lehrer Kleinheistermann. »Und wem verdanken wir den Kalender?«, fragt er Karlchen.
»Den Kalender«, behauptet Karlchen, »verdanken wir immer dem Metzgermeister Zips.«

*

Studienrat Fliege kommt mit dem Schüler Alex nicht zurecht. Darum lässt er den Vater von Alex kommen und sagt:
»Ich weiß nicht, der Alex macht während des Unterrichts immer so einen verschlafenen Eindruck.«
»Das sind wahrscheinlich die Talente, die in meinem Alex schlummern«, antwortet der Vater.

*

»Beweise mir, dass die Winkelsumme in einem Dreieck 360 Grad beträgt!«, sagt der Mathepauker.
»Verzeihung, Herr Doktor«, sagt Lukas. »Das habe ich nie behauptet.«

*

Dirk hat die Weihnachtsfeier total verpatzt. Die ganze Schule ist sauer auf ihn.
Dass er sich keinen Text merken kann, wusste man. Aber so hätte es auch nicht kommen müssen.
Dirk war der Herbergswirt. Joseph und Maria klopften bei ihm an und fragten, ob in der Herberge noch Platz ist.
Und da sagte dieser Komiker: »Na klar. So viel ihr wollt. Kommt nur herein. Und soll ich gleich nach der Hebamme telefonieren?«

»Wenn du in der linken Hosentasche achtzehn Euro zwanzig hast und in der rechten Hosentasche sieben Euro sechzig, was hast du dann?«, fragt Lehrer Kleinheistermann.
»Dann habe ich bestimmt nicht meine Hose an«, sagt Edi. »Ich bin nämlich immer pleite.«

*

»Pflichterfüllung ist das Wichtigste im Leben!«, flötet der Lehrer.
»Maxi, angenommen, du bist auf dem Schulweg, und ein so genannter Freund kommt daher und will dich verleiten noch schnell in eine Eisdiele zu gehen. Was würdest du wählen?«
»Erdbeer mit Sahne«, antwortet Maxi.

»Wie gefällt es dir in der Schule?«
»Eigentlich ganz gut.«
»Was heißt da ›eigentlich‹?«
»Na ja, weil halt jedes Mal ein halber Tag hin ist.«

*

Morgen ist Schulausflug. Aber nur bei schönem Wetter. Wenn es regnet, haben sie Klassenarbeit.
»Lieber Gott«, betet Heidi vor dem Einschlafen, »mach morgen bitte schönes Wetter. Und hör bloß nicht auf den blöden Heini von der Wetterkarte im Fernsehen!«

*

»Der Lehrer hat mir gesagt, dass er sich große Sorgen wegen deiner schlechten Leistungen macht!«, mahnt der Vater.
»Vergiss es«, sagt Gilbert. »Was gehen uns die Sorgen anderer Leute an!«

*

»Ich war gestern irgendwo, wo ich meine Hausaufgaben total verschwitzt habe«, entschuldigt sich Annette.
»Und wo warst du?«
»In der Sauna.«

*

»Worüber habt ihr in der Schule gesprochen?«
»Über die Entfernung der Sterne.«
»Aha. Und wie entfernt man sie?«

*

»Musste es wirklich sein, dass mein Hugo durchfällt?«, fragt der geplagte Vater.
»Mit dem, was Ihr Sohn nicht weiß, hätte eine ganze Klasse sitzen bleiben können«, meint Studienrat Fliege.

*

»Jetzt komm und lass mich dein Zeugnis sehen!«, sagt Papi.
»Moment«, sagt Stefan. »Zuerst musst du mir erklären, woher das alles bei uns so kommt. Sind das die Erbfaktoren, sind es die Umwelteinflüsse oder was sonst . . .«

*

»Wieder die falschen Zahlen im Lotto!«, schimpft der Vater.
»Nimm's leicht«, sagt Katrin. »Mir ging's gestern bei der Mathearbeit genauso.«

*

Moni kreuzt mit ihrem Zeugnis zu Hause auf.
»Und eine Sauschrift hat unsere Lehrerin«, schimpft sie.
»Die macht die Einser so, dass sie aussehen wie Vierer!«

»Soll ich dir bei den Hausaufgaben helfen?«, fragt Papi.
»Nein, bitte nicht!«
»Warum?«
»Der Lehrer meint, wir lernen mehr, wenn wir unsere Fehler selber machen.«

*

»Ein Reptil ist ein Lebewesen, das meist auf dem Boden herumkriecht«, erklärt der Lehrer.
»Und wer kann mir jetzt ein Reptil nennen?«, fragt er dann.
Meldet sich unser Bibi: »Mein kleiner Bruder!«

*

»Es heißt: Der kalte Januar,
der launische April,
der neblige November,
der heiße Juli – wer weiß noch was?«
»Der dumme August«, sagt Dolfi.

*

Erster Schultag. Der Abc-Schütze Klausi kommt nach Hause.
»Na, wie war's?«, wollen die anderen wissen.
»Es ging«, meint er. »Aber morgen muss ich noch mal hin. Wir sind nicht ganz fertig geworden.«

*

»Sag mal, warum kannst du mir keine meiner Fragen beantworten?«

»Weil ich dann nicht mehr in diese Schule hier müsste!«

*

»Du warst jetzt acht Tage nicht in der Schule. Warum?«

»Weil ich krank war.«

»Was hat dir gefehlt?«

»Ich bin acht Tage im Bett gelegen.«

»Und warum bist du gelegen?«

»Weil mich die Mutti nicht hat aufstehen lassen.«

»Warum hat sie dich nicht aufstehen lassen?«

»Weil ich im Bett liegen musste.«

»Ja, zum Donnerwetter! Warum musstest du im Bett liegen?«

»Weil ich krank war.«

Beim Mittagessen fragt Mama:
»Na, wie war's heute in der Schule? Hast du was gekonnt?«
»Also, ich versteh dich nicht«, antwortet Sabine. »Immer sagst du, man soll beim Essen nicht über unangenehme Dinge reden. Und dann kommst du mit so was!«

*

»Hast du heute viel auf?«, fragt Mutti.
»Oh ja, wahnsinnig viel«, sagt Lissi. »Und du hilfst mir, bitte, bitte. Ja?«
Da sitzen sie dann und arbeiten, dass sie schwitzen.
Es wird fünf, es wird sechs Uhr. Zwei Hefte sind schon voll geschrieben.
»So«, sagt dann Lissi. »Jetzt können wir endlich mit den Hausaufgaben anfangen.«
»Ja, um Himmels willen«, ruft Mutti. »Und was haben wir bis jetzt gemacht?«
»Strafarbeiten«, sagt Lissi.

*

In der Rechenstunde bringt Frau Falk ein Beispiel: »Sie sind sieben Kinder. Sie haben zwei Schokoriegel. Wie teilen sie das?«
»Überhaupt nicht«, sagt Christian. »Das lohnt sich doch gar nicht.«

»Papi, du hast doch gesagt, ich kriege für jede Eins fünf Mark!«, sagt Isabella.

»Hab ich. Und hast du eine Eins?«

»Das gerade nicht. Aber wenn ich richtig rechne, dann müsste ich für jede Zwei vier Mark bekommen.«

»Na ja. Also gut. Und hast du eine Zwei?«

»Das auch nicht. Aber rechne mal weiter: Und für eine Fünf müsste es dann immerhin noch eine Mark sein. Oder nicht?«

*

Mault Bernhard: »Heute haben wir drei Stunden Englisch gehabt!«

»Reg dich ab«, sagt Vati. »Die Engländer haben es den ganzen Tag!«

*

»Also, Papi«, sagt Suschen und gibt ihr Zeugnis ab.

»Machen wir ein Abkommen. Wenn du versprichst jetzt gar nichts zu sagen, dann versprech ich dir ganz ruhig zuzuhören!«

*

»Würden wir Goethe heute als ganz außerordentlichen Menschen erkennen, wenn er noch unter uns lebte?«, fragt Studienrat Klaffke.

»Klar«, meint Uli. »Denn er wäre heute fast zweihundertfünfzig Jahre alt.«

»So schwer war doch die Hausaufgabe nicht«, sagt Lehrer Kleinheistermann. »Wenn ein Mann dreißig Kilometer in sechs Stunden geht, wie viel geht er dann in dreizehn Stunden?«

»Ich weiß es nicht«, sagt Kurti. »Mein Daddy ist noch nicht zurück.«

*

Die kleine Irmi geht mit einem riesengroßen Schulranzen auf der Straße.

Da begegnet ihr der Rektor der Schule und muss lächeln. Sie aber kennt ihn nicht.

»Wie alt bist du?«, fragt er Irmi.

»Sechs. Und ich gehe schon zur Schule«, sagt sie.

»Und ich bin zweiundfünfzig«, sagt der Rektor, »und gehe immer noch zur Schule.«

»Dann musst du aber schön doof sein«, meint Irmi.

*

Aus einem Schulaufsatz:

»Zuerst ist die Isar wie ein Kind, das über Steine und Sandbänke hüpft. Später gleicht sie einem Manne, der Felder und Wiesen bewässert.«

*

Und in einem anderen Schulaufsatz können wir lesen:
»Wir standen auf hohem Bergesrücken. Und unten wälzte sich wie eine Königin Mutter Donau in ihrem Bette.«

*

»Vati, stell dir vor, der Kriechbaum–Stefan ist durchgefallen!«
»Das wundert mich nicht. Ich kenn dem seinen Vater. Der ist ein ausgemachter Trottel. Da muss ja der Sohn durchfallen!«
»Du, Papi. Ich bin auch durchgefallen!«

*

Vor dem Klassenzimmer steht ein Schüler.
»Was tust du da?«, fragt ein vorbeikommender Lehrer.
»Ich bin vom Umweltschutz«, meint der Schüler.
»Was soll das heißen?«
»Ich muss aufpassen, ob die Luft rein ist.«

*

»Bei diesem Zeugnis wird heuer der Weihnachtsmann erkältet sein«, droht Papi.
»Was heißt das im Klartext?«
»Er wird dir was husten!«

*

Was ist der Unterschied zwischen einem faden Buch und einem faden Lehrer?
Das Buch kann man zuklappen.

*

»Herr Lehrer, dürfen wir jetzt heimgehen?«
»Wo denkt ihr hin. Es hat ja noch gar nicht geklingelt!«
»Aber Sie haben vor einer Stunde noch gesagt, man soll nicht alles auf die letzte Minute hinausschieben!«

Total verrückte Welt

»Einmal im Jahr bade ich«, sagt stolz der kleine Krawuttke, »ob es notwendig ist oder nicht.«

*

Ruft einer an und fragt: »Haben Sie die Nummer 47 43 90?«
»Da sind Sie falsch verbunden«, antwortet der andere, »wir haben gar kein Telefon.«

*

Simon war bei den Kiefhabers zum Essen eingeladen.
»Wie war's?«, will Mama nachher wissen.
»Frag mich nicht«, sagt Simon. »Jedenfalls weiß ich jetzt, warum die Kiefhabers jedes Mal vor dem Essen beten.«

*

»Heißt es ›schlag mir‹ oder heißt es ›schlag mich‹?«
»Blöde Frage. ›Schlag mich‹ heißt es!«
»Dann schlag mich bitte das Buch auf.«

*

Mindestens hundert Leute stehen auf dem Hauptmarkt, reden und glotzen.
Kommt einer hinzu und fragt: »Was ist da los?«
»Keine Ahnung«, bekommt er zur Antwort. »Der Letzte, der das gewusst hat, ist schon vor einer halben Stunde heimgegangen.«

Was ist das?
Es ist gelb, hat 22 Beine und zwei Flügel?
Eine chinesische Fußballmannschaft.

*

»Unverschämt, diese U-Bahn-Kontrolleure!«, schimpft Vera. »Die schauen dich an, als ob du nicht bezahlt hättest!«
»Und du? Was machst du dann?«
»Ich schau zurück, als ob ich bezahlt hätte!«

*

Rennt einer durch den Hamburger Hauptbahnhof und brüllt: »Heitungen und Hinkenbrötchen!«
Beugt sich Dr. Pfannenstiel aus dem Fenster und sagt zu ihm: »Mensch, Sie haben ja Polypen!«
»Nein«, sagt der andere, »nur Heitungen und Hinkenbrötchen!«

*

»Sag mal, warum zwinkerst du ständig mit den Augen?«
»Das kommt daher, weißt du, ich seh immer rote und grüne Ringe vor mir.«
»Das ist ja schlimm. Dagegen musst du etwas machen!«
»Hab ich schon. Hab mir eine Brille gekauft.«
»Und?«
»Jetzt seh ich die roten und grünen Ringe viel schärfer.«

»Habt ihr die Äpfel auch sorgfältig geschält, bevor ihr sie gegessen habt?«, fragt Mutti.
»Klar doch. Geschält, dann erst gegessen. Und zum Schluss haben wir auch noch die Schalen gegessen!«

*

»Was möchtest du werden?«, fragt Kilian.
»Zauberkünstler«, antwortet Richard.
»Übst du auch fleißig?«
»Und wie!«
»Was ist dein bester Trick?«
»Die zersägte Jungfrau!«
»Finde ich toll, das alles. Und was sagen deine Geschwister dazu? – Hast du überhaupt Geschwister?«
»Oh ja, dreieinhalb Schwestern.«

Herr Schmalstich trifft auf der Straße den Doktor Pfannenstiel.
Das ist praktisch, denkt Herr Schmalstich, nun kann ich das Honorar sparen. Und er fragt: »Sagen Sie mal, Herr Doktor, was machen Sie, wenn Sie erkältet sind?«
»Oh, das ist ganz verschieden«, antwortet Doktor Pfannenstiel. »Mal huste ich, mal niese ich auch nur.«

*

»Wie viel Zucker möchtest du gerne in den Kaffee?«
»Sieben Stück, bitte.«
»Was? Sieben?«
»Ja, aber nicht umrühren. Sonst wird er zu süß!«

*

Für scharfe Denker:
Was macht ein Indianer mit einer Bananenschale?
Er wirft sie weg.

»Hast du schon mal 'ne Taube gesehen, die auf dem Kopf stand?«
»Nee, und du?«
»Ich schon!«
»Wo?«
»Uff dem Joethe-Denkmal!«

*

Frau Weckerl kommt in ihren Tante-Emma-Laden und hat beide Ohren dick verbunden.
»Ja, Frau Weckerl, was haben Sie denn gemacht?«, wird sie gefragt.
»Ach, wissen Sie«, erklärt Frau Weckerl, »ich habe gebügelt und da läutet das Telefon. Schusselig, wie ich nun einmal bin, drücke ich statt des Hörers das heiße Bügeleisen an mein rechtes Ohr.«
»Oh ja, oje! Aber das linke Ohr! Was ist denn mit dem passiert?«
»Na ja, ich wollte dann gleich die Sanitäter anrufen . . .«

*

»Herr Doktor, Herr Doktor! Unser Kurtchen hat eine Jagdpatrone verschluckt. Was sollen wir tun?«
»Vorsichtig hinlegen, auf niemanden damit zielen und warten, bis ich da bin!«

Zwei Berliner Jungen unter sich:
»Weeste, die Beene frieren mir.«
»Musste halt feste loofen.«
»Det nutzt nischt. Mir friert de Neese och, wo se doch immer looft!«

*

13. April
Der Kapitän schreibt ins Logbuch: »Der Erste Offizier heute stockbetrunken.«
14. April
Der Erste Offizier revanchiert sich und schreibt ins Logbuch: »Kapitän heute wieder nüchtern.«

*

Weißt du schon . . .
. . . dass man zum Laubsägen nicht unbedingt auf Bäume klettern muss?

*

»Jetzt halt endlich die Klappe«, sagt der Doktor zu Elfilein. »Du quasselst ja pausenlos!«
»Und ich dachte«, sagt Elfilein beleidigt, »dies hier ist eine Sprechstunde!«

*

Bei Kriechbaums klingelt das Telefon. Herr Kriechbaum hebt ab. Da meldet sich eine fremde Stimme:

»Haben Sie die Nummer 45 45 01?«

»Nein«, sagt Herr Kriechbaum, »ich habe die Nummer 45 45 02!«

»Warum heben Sie dann ab, Sie Idiot!«, sagt die fremde Stimme am anderen Ende der Leitung.

*

»Brauchst du eine Taschenlampe?«

»Nein. Ich finde mich in meinen Taschen auch so zurecht.«

»Wieso kannst du sagen, ich sei reich?«
»Das habe ich nicht gesagt. Ich habe gesagt, du hättest mehr Geld als Verstand.«

*

Zwei Luftmatratzen schwimmen im Meer.
Ruft die eine: »Pass auf, da kommt ein Haifischschsch. . . sch.«

*

»Mann, oh Mann. Wo soll das hinführen?«
»Keine Ahnung.«
»Dann sind wir uns einig.«

»Überstanden!« Der soeben Operierte liegt wieder in seinem Zimmer und atmet auf.
»Sagen Sie das nicht zu früh!«, stänkert sein Bettnachbar.
»Mich mussten sie ein zweites Mal aufschneiden, weil der Professor eine Pinzette in meinem Bauch vergessen hat.«
In diesem Moment steckt eine Schwester ihren Kopf zur Tür herein und fragt: »Hat jemand die Brille vom Herrn Professor gesehen?«

*

Für scharfe Denker:
Liegt in der Wüste und ist unsichtbar? Was ist das?
Ein gelber Bindfaden.
Aber was ist das: Liegt in der Wüste und ist schwarz?
Das ist der Schatten von dem gelben Bindfaden.

*

»Wo treffen wir uns?«
»Ist mir egal.«
»Und wann soll ich kommen?«
»Ist mir auch egal.«
»Mir auch, also Tschüüüss!«
»Ja, Tschüss. Und sei pünktlich!«

*

Tiefe Mitternacht. Das ganze Kaff schlummert, auch der Apotheker Pillenhuber.
Da scheppert die Nachtglocke. Erst flucht der Herr Apotheker, dann fährt er in seine Hosen, dann schlurft er zur Ladentür und fragt durch die Luke, was los sei.
Draußen steht Maike, das Mini-Monster.
»Ich möchte bitte für fünfzig Cent Malzbonbon!«, säuselt Maike.
»Ja, Himmelherr. . . usw. Deshalb weckst du mich mitten in der Nacht? Könntest du nicht bei Tag kommen!«
»Da haben Sie auch Recht!«, sagt Maike und verschwindet im Dunkeln.

*

Städtische Kunstgalerie. Und lauter Kulturfreaks stehen herum. Gescheite Damen, alte Professoren und so.
Plötzlich taucht ein nackter Mann auf. Die anderen schauen blöd.
Schon marschiert ein Wärter los und ruft: »So können Sie hier doch nicht herumlaufen!«
»Warum nicht? Da stehen doch lauter nackte Statuen!«
»Ja, schon. Aber die sind aus Bimsstein.«
»Na und? Ich bin aus Traunstein.«

*

»Herr Doktor, ich habe alles vergessen, sogar meinen Namen!«
»Das werden wir gleich haben. Setzen Sie sich einmal hin. So. Und jetzt zuerst die Personalien. Wie heißen Sie?«

*

Wolfi wundert sich . . .
Wieso heißen diese Kerzen Wachskerzen, wenn sie ständig kürzer werden?

*

Drei Männer stehen auf dem Olympiaturm.
Sagt der eine: »Ein herrliches Flugwetter ist das heute!«, steigt aufs Geländer, breitet die Arme aus, springt hinaus und segelt in die Tiefe.
»Wirklich einmalig!«, sagt der zweite, steigt ebenfalls aufs Geländer und segelt ab.
»Wenn das so ist«, sagt der dritte und springt auch.
Inzwischen sind die beiden ersten schon gelandet, stehen unten und schauen nach oben.
»Dafür, dass wir beide Engel sind«, sagt der eine, »sind wir ganz schön gemein. Gell?«

*

Weißt du . . .

. . . wer schneller ist, ein Rennpferd oder eine Brieftaube?

Auf der Erde ist das Rennpferd schneller. In der Luft ist es die Brieftaube.

*

Beim Sechstagerennen.

Die Rennfahrer strampeln wie die Wilden ums Oval. Alles starrt gebannt auf sie. Auch zwei Polizisten sind da.

»Mensch«, sagt der eine, »schau mal! 36 Fahrräder – und alle ohne vorschriftsmäßige Beleuchtung. Da könnte man vielleicht abkassieren!«

*

Die Meiers haben zu viel Geld.

Darum brauchen sie auch noch ein Klavier.

Jetzt ist es da und wird von allen bestaunt.

»Toll, diese vielen Tasten!«

»Ja, und wofür sind die schwarzen Tasten?«, fragt einer.

»Mit denen spielt man die traurigen Lieder«, sagt Herr Meier.

*

»Mein Bruder hat eine Bohrmaschine erfunden. Die will er sich patentieren lassen«, protzt Heidi.

»Lange genug hat er ja an seiner Nase geübt«, meint Ulrike.

Kurtchen muss sich einen Ausweis ausstellen lassen.
»Besondere Kennzeichen?«, fragt der Beamte.
Sie rätseln hin und her.
Jetzt hat's Kurtchen: »Ich kann mit den Ohren wackeln!«, sagt er.

*

Ein Polizist stoppt einen Radfahrer, der in der falschen Richtung durch die Einbahnstraße fährt.
»Halt!«, ruft der Polizist. »Und jetzt will ich deinen Namen wissen!«
»Ach«, sagt der Rennfahrer. »Sie dürfen mich ruhig Paulchen nennen!«

*

»Unsere Wohnung ist vielleicht feucht, Frau Weckerle, da machen Sie sich gar keine Vorstellung. Gestern hat sich in der Mausefalle sogar ein Fisch gefangen!«

*

»Wissen Sie, wo es zum Bahnhof geht?«
»Leider nein.«
»Dann passen Sie gut auf! Sie gehen jetzt diese Straße geradeaus, dann bei der Bäckerei dort links um die Ecke, dann . . .«

Der Apotheker Pillenhuber rennt einem Kunden nach und ist ganz außer Atem.
»Sie wollen soeben Hustensaft bei mir kaufen. Und jetzt hat man Ihnen versehentlich Zyankali gegeben. Gott sei Dank, dass ich Sie noch erwischt habe!«
»Das wäre schlimm gewesen, nicht wahr?«, sagt der Kunde.
»Oh ja. Das Zyankali kostet nämlich um einen Euro zwanzig mehr!«

*

Weißt du . . .
. . . was ein Engelchen bekommt, wenn es in einen Misthaufen fällt?
Kotflügel.

*

Und wieder hat der Starmeteorologe vom »7 Sat Fernsehen« als einziger Regen prophezeit und wie immer hat er Recht. Es gießt, was heruntergeht.
»Herr Kollege, wie machen Sie das bloß?«, wird er von einem anderen Wetterfritzen gefragt.
»Nichts einfacher als das«, sagt der Starmeteorologe.
»Ich brauch nur meinen Wagen zu waschen, eine Gartenparty zu geben oder einen Ausflug ohne Schirm und Mantel zu machen und schon regnet es.«

Ray Robert kommt im Himmel an.

Petrus holt sein dickes Buch und fragt: »Was hast du unten angestellt?«

»Ich habe zu Cassius Clay ›Arschloch‹ gesagt.«

Petrus blättert in seinem Buch herum. »Da kann ich aber nichts finden. Wann war das?«

»Vor zwei Minuten«, sagt Ray Roberts.

*

Doris klingelt bei der Nachbarin.

»Frau Leberkes, können Sie bitte meiner Mami eine Schere leihen?«

»Ja, schon. Aber sag, hat deine Mami keine Schere?«

»Doch. Aber die ist ihr zum Dosenöffnen zu schade.«

»Ist das der Boxer, den ein Radfahrer über den Haufen gefahren hat?«, fragt der Chefarzt.
»Nein, Herr Professor, das ist der Radfahrer.«

*

Carola führt Fahrradkünste vor.
»Schau, Mami! Ohne Hände!«, ruft sie.
Etwas später:
»Schau, Mami! Ohne Füße!«
Dann macht es »tschirr-bum«.
»Schau, Mami!«, sagt Carola. »Ohne Zähne!«

*

Karlchen war beim Zahnarzt und ist nun wieder daheim.
»War es eine schmerzhafte Behandlung?«, fragt Mutti.
»Ich glaube nicht«, sagt Karlchen. »Der Zahnarzt ist ziemlich herumgehüpft, nachdem ich ihm in den Finger gebissen hatte.«

*

»Wie ist Ihr Name?«
»Meier.«
»Meier? Meier, Meier? Sagen Sie mal, haben Sie vielleicht einen Verwandten in Stuttgart?«

*

»Nicht die Menschen sind es, die die Flüsse verunreinigen«, tönt der superschlaue Politiker in den Saal, »sondern die toten Fische verschmutzen unsere Gewässer!«

*

Kennst du . . .
. . . den Unterschied zwischen einem Sprungbrett?
Je höher, desto platsch!

*

Dolfi ist bei Doktor Pfannenstiel.
Doktor Pfannenstiel horcht an Dolfis Rücken herum.
»Huste mal!«, sagt Doktor Pfannenstiel.
Dolfi hustet.
»Fester!«
Dolfi hustet fester.
»Noch einmal.«
Dolfi hustet noch einmal.
»Noch lauter!«
Dolfi hustet noch lauter.
»Also«, sagt Doktor Pfannenstiel. »An deiner Lunge kann ich überhaupt nichts finden. Aber sag einmal, seit wann hast du diesen fürchterlichen Husten?«

*

»So was von faul, diese Gleisarbeiter!«, sagt Frau Häberlein. »Sooft wir an ihnen vorbeifahren, stehen sie da und halten sich an ihren Schaufeln fest. Und arbeiten tut nie einer!«

*

»Warum ist bei den Meisenbrincks drüben so viel Lärm?«
»Ach, die schlagen sich gerade ihre Ferienreise nach Mallorca aus dem Kopf.«

*

Sie reden von Stars, LPs und ihren Lieblingsplatten.
»Ich mag am liebsten die Platten von . . .«
»Und ich den . . .«
»Und was ist deine Lieblingsplatte?«, wird Kuno gefragt.
»Wurstplatte«, sagt Kuno.

Heidi sieht ihrem Onkel zu, wie er sich abmüht einen Ball einzulochen. Er schlägt hin, schlägt her, schlägt wieder hin . . . »Du, Onkel«, sagt sie endlich. »Warum darf der Ball nicht ins Loch hinein?«

*

»Wie heißt du?«, fragt der Polizist.
»Müller.«
»Und dein Alter?«
»Auch Müller, genau wie ich.«

*

»Meine Füße sind eingeschlafen«, stöhnt Tim.
»Das geht ja noch. So, wie sie riechen, dachte ich, sie seien schon vier Wochen lang tot«, sagt Tom.

*

»Heißen Sie nicht Müller?«
»Nein, ich heiße Stanislowskojeminski!«
»Ach ja, diese beiden Namen verwechsle ich immer.«

*

Polizeirevier 5.
»Was haben Sie zu melden?«, fragt der Wachtmeister.
»Ein Elefant ist entlaufen«, antwortet der Mann.
»Besondere Kennzeichen?«, fragt der Wachtmeister.

»Das freut mich, dass du dich mit dem Berndi vom Nachbarn so gut verträgst. Soeben habe ich vom Fenster aus gesehen, wie du ihm ein paar Bonbons gegeben hast.«

»Das waren keine Bonbons. Das waren dem seine Vorderzähne.«

*

»Große Tombola! Kaufen Sie Lose! Gehen Sie nicht am Glück vorbei! Kaufen Sie Lose!«

»He! Was kann man bei euch gewinnen?«

»Ein Känguru!«

»Du liebe Zeit! Was sollte ich mit einem Känguru?«

»Da mach dir mal keine Sorgen. Unsere Lose sind sowieso alles Nieten!«

»Den Wievielten haben wir heute?«
»Keine Ahnung.«
»Dann schau bitte in die Zeitung!«
»Nützt nichts, die ist von gestern.«

*

»Dies hier ist eine besondere Rarität!«, behauptet der Antiquitätenhändler Staubfinger. »Ein nordsibirisches Herrenklosett, spätes sechzehntes Jahrhundert. Äußerst selten und sehr gut erhalten. Dabei kostet es nur lausige siebentausend Euro.«
»Was? Diese beiden primitiven Holzprügel. Das sind ja gewöhnliche Äste! Und dafür siebentausend Euro! Was soll denn das Ganze?«
»Ja. Der eine Holzprügel diente zum Draufsitzen und der andere zum Vertreiben der Wölfe.«

*

»Wie schaust denn du aus? Du hast ja eine Riesenbeule am Kopf. Was hast du denn da gemacht?«
»Das kommt von meinen Pickeln im Gesicht.«
»Und davon kriegt man eine Beule?«
»Ja, der Doktor hat gesagt, ich soll mein Gesicht mit Toilettenwasser einreiben. Und wie ich mich über die Toilette beuge, da ist mir der Deckel auf den Kopf gefallen.«

Mini-Monster Maike hat eine Brieffreundin.

»Teile mir bitte mit, wann du Geburtstag hast, damit ich dir ein schönes, teures Geschenk schicken kann«, schreibt Maike. »Übrigens, mein Geburtstag ist nächste Woche!«

*

»Schau mal, da vorne fliegt ein Zitronenfalter!«

»Ach Quatsch. Zitronenfalter sind gelb. Und der ist doch grün.«

»Dann ist er halt noch nicht ganz reif.«

*

Heute braucht die kleine Susi ihre Suppe nicht zu essen, weil eine Fliege drin herumgeschwommen ist.

»Ich will auch eine Fliege haben!«, heult Mäxchen.

Denk mal nach:
Warum kann man in einem leeren Sack keine Glasflasche zerschlagen?
Ist der Sack noch leer, wenn eine Glasflasche drin ist?

*

Rennt so ein Typ zum Bahnhof, wirft sich auf eine Schiene und versucht ein Stück davon abzubeißen.
»Lass das, Mann!«, sagt der Stationsvorstand. »Du musst weiter nach vorne gehen. Da ist eine Weiche!«

*

Mäxchen hat einen Reißnagel verschluckt und brüllt wie am Spieß. Die Familie ist völlig durcheinander.
»Jetzt macht doch nicht so 'n Psychoterror wegen dem Scheißreißnagel«, tröstet Harald. »Ich kauf euch glatt einen neuen!«

*

»Möchtest du Arzt werden?«, fragt Dr. Pfannenstiel den Udo nach einer Untersuchung.
»Nee, bestimmt nicht. Da müsste ich mir ja ununterbrochen die Pfoten waschen!«

*

Lars hat sich ein Radio gekauft und bringt es wütend in den Laden zurück.
»So ein Mistkasten«, schimpft er und ist stinksauer.
»Verstehe ich nicht«, sagt der Händler. »Du wolltest doch ein Gerät, das alle Sender der Welt herkriegt.«
»Ja, schon. Aber nicht alle auf einmal.«

*

Paule sitzt im Zug. Ihm ist furchtbar schlecht. Er hat Pflaumen gegessen und viel Wasser dazu getrunken! Dem Paule gegenüber sitzt ein ganz feiner Herr und schaut schrecklich ernst drein.
Alles wäre gut gegangen, wenn der Zug nicht plötzlich gerumpelt hätte. Da macht es »knulpsch« in dem Magen von Paule und der feine Herr hat die ganze Sache auf seinem Anzug.
Der feine Herr springt auf und schreit: »Was erlaubst du dir, du Schwein, du . . .!«
Das lässt sich Paule nicht gefallen. »Was sagen Sie zu mir? Schwein sagen Sie zu mir? Schaun Sie sich doch mal selber an! Wie Sie ausschauen!«

*

»Gehn wir in den Zirkus! Da soll ein vierzig Zentimeter großer Zwerg auftreten.«
»Blödsinn. Ich hab schon viel größere Zwerge gesehen.«

Der Dachdecker Schmitz ist vom Dach gefallen. Das war leider sein Ende.
Nun muss das seiner Frau beigebracht werden. Und zwar möglichst schonend.
»Ich mach das schon«, sagt einer von den Kollegen.
Er geht zu Frau Schmitz, klingelt, und als sie ihm öffnet, fragt er: »Sind Sie die Witwe vom Schmitz?«
»Nein, ich bin die Frau Schmitz!«
Darauf der Kollege: »Wetten dass?«

*

Für scharfe Denker:
Warum darf man in einer Apotheke nicht herumbrüllen?
Damit die Schlaftabletten nicht aufwachen.

*

»Wo waren Sie gestern Abend?«, fragt der eine.
»Im Theater«, sagt der andere.
»Was haben sie gegeben?«, fragt der eine weiter.
»Zwei Euro.«
»Nein, ich meine, welches Stück?«
»Ein Zwei-Euro-Stück.«
»Nein, ich meine, was die Schauspieler gegeben haben?«
»Die haben gar nichts gegeben. Die sind umsonst reingekommen«, sagt der andere.

Michael ist in den Ferien beim Pfarrer. Vor dem Mittagessen sagt der Pfarrer:
»Weil Michael unser Gast ist, darf er heute das Tischgebet sprechen.«
Auweia! Michael hat keine Ahnung, wie man das macht.
Da hilft ihm der Pfarrer: »Was sagt denn eure Mutter zu Hause, bevor ihr esst?«
»Bekleckert euch nicht, ihr Ferkel!«

*

Zwei Luftballons fliegen durch die Wüste.
Sagt der eine: »Pass auf, da ist ein Kaktusssssssss.«
Antwortet der andere: »Das macht doch nichtsssssssss.«

Susanne kauft einen Briefumschlag.
»Was für einer soll es denn sein?«, fragt die Verkäuferin.
»Ein wattierter, bitte«, sagt Susanne. »Der Brief geht nach Alaska.«

*

Jedes Haustier in der Gemeinde muss einen Ring am linken Ohr bekommen. Von wegen der Ordnung. Das ist eine Anweisung von ganz oben!
»Sauarbeit!«, stöhnt der Bürgermeister.
»Kann ich mir denken. Die vielen Rinder und Schweine . . .«
»Das wäre das wenigste gewesen«, sagt der Bürgermeister. »Aber die Bienen! Die Bienen!«

*

»Wie klein ist doch die Welt«, sagte Herr Memmelmann, als er seinen Taschenatlas durchblätterte.
»Wie klein ist doch die Welt«, sagten auch die beiden Fliegen, als sie sich schon zum dritten Mal an diesem Tag auf dem Globus über den Weg liefen.

*

Horsti hat sein Kleinauto umspritzen lassen. Es ist jetzt rot und nicht mehr gelb wie früher.
»Die Leute haben mir nämlich immer ihre Briefe eingeworfen«, erklärt Horsti.

»Du, Mutti, die Müllenbrinks von nebenan sind wirklich unmusikalische Menschen!«
»Warum?«
»Sie haben dem Karlchen ein Messer gegeben. Damit soll er seine Trommel aufschlitzen und nachsehen, was der Weihnachtsmann darin versteckt hat!«

*

Was ist das?
Hockt im Wald und schreit immer »Aha«?
Ein Uhu mit einem Sprachfehler.

*

Schon drei Jahre lang hocken die Schiffbrüchigen auf ihrer einsamen Insel im Pazifik und kein Dampfer kommt vorbei, der sie abholen würde. Allmählich wird es langweilig.
Pitt blättert in seinem Taschenkalender. Plötzlich fährt er hoch: »Mensch, Conni, morgen is' was los! Morgen hat meine Oma Namenstag!«

*

»Meine Freundin spielt im Schultheater mit«, erzählt Ralf. »Da hat sie eine Rolle, die beinahe über ihre Kräfte geht.«
»Versteh ich nicht. Sie hat doch eine stumme Rolle!«
»Ja, genau das ist es eben!«

Parolen für Sprayer:

Freiheit für Grönland – nieder mit dem Packeis!

Freiheit für Luis Trenker – nieder mit der Eigernordwand!

Seid realistisch – fordert alles!

Lieber Ostern als Western!

Lieber Arm dran als Arm ab!

Freie Sicht aufs Mittelmeer – weg mit den Alpen!

Freiheit für Lehrer – zwei Stunden am Tag sind genug!

*

Herr Kronbusch geht nach Hause. In der Spiegelgasse sieht er einen winzigen Wicht, der sich vergeblich abmüht an einer Hausglocke zu läuten.

»Soll ich dir helfen?«, fragt der freundliche Herr Kronbusch. »Du bist ja noch viel zu klein.«

»O ja, bitte«, sagt der winzige Wicht.

Herr Kronbusch drückt kräftig auf die Klingel.

»So«, sagt dann der winzige Wicht. »Jetzt müssen wir beide aber kräftig sausen. Da drinnen wohnt nämlich der Boxer Meier!«

*

»Wie kommt man am besten durch die Wüste?«

»Als Löwe.«

*

Der vergessliche Professor hat einen Elefanten operiert.
»Also diesmal haben wir bestimmt keine Instrumente im Patienten liegen lassen«, sagt er.
Auf einmal wird er unruhig.
»Wo ist denn Schwester Hilde?«, ruft er.

*

Das Bayernspiel ist aus und Xaverl will durch ein Loch im Maschendraht des Olympiageländes ins Freie schlüpfen.
»He!«, schreit da ein Wachmann. »Willst du nicht sofort dort hinausgehen, wo du hereingekommen bist!«
»Mach ich doch gerade!«, sagt Xaverl.

*

»Komm rein!«
»Geht nicht. Hab schmutzige Füße.«
»Macht nichts. Kannst ja die Stiefel anbehalten.«

Kommt ein Kunde in die Bank und sagt zum Schalterbeamten:

»Geben Sie mir die Kontoauszüge, aber schnell, Sie Idiot!«

»Wa. . . was haben Sie da gesagt?«, stottert der Schalterbeamte.

»Geben Sie mir die Kontoauszüge, aber schnell, Sie Idiot!«, wiederholt der Kunde.

»Also, also, das muss man sich aber nicht gefallen lassen!«

Der Schalterbeamte ist empört, rennt zum Direktor und beschwert sich.

»Wie viel Geld hat der Mann auf seinem Konto?«, fragt der Direktor.

»Vier Millionen«, sagt der Schalterbeamte.

»Na, dann geben Sie ihm die Kontoauszüge, aber schnell, Sie Idiot!«, antwortet der Direktor.

Cowboys, Colts und coole Knacker

Der Cowboy Tommy Terry ist in der Stadt beim Zahnarzt gewesen und hat keinen einzigen Zahn mehr im Mund.
»Hör mal«, wird er gefragt. »Du wolltest dir doch nur einen Zahn reißen lassen!«
»Das schon. Aber der Doc konnte nicht auf einen Zwanzigdollarschein herausgeben.«

*

Der Prediger wettert, dass dem frommen Gläubigen die Ohren schlackern:
»Habt ihr noch nicht kapiert, dass man euch in den Kneipen alles wegnimmt, was wichtig ist? Eure Seelen und das sauer verdiente Geld! Und schaut euch die Gastwirte an! Wie sie daherkommen, voller Ringe, die schönsten Kleider an, die Taschen voller Geld. Und wer zahlt das? Ihr, ihr Trottel . . .«
Monate später trifft einer diesen Prediger. Rennt zu ihm hin. Schüttelt ihm die Hand und steckt ihm ein Bündel Dollars zu und sagt:
»Reverend, Ihre Predigt hat mein ganzes Leben umgekrempelt!«
»Das freut mich, mein Sohn. Hast du aufgehört zu trinken?«
»Was heißt aufgehört. Eine Kneipe habe ich aufgemacht!«

*

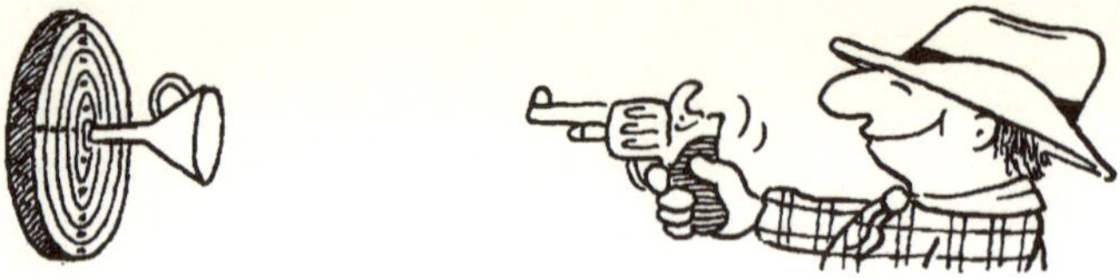

Die Cowboys hocken in der Bar und spielen Karten.
Da springt einer auf und schreit: »Jetzt hab ich dich! Du spielst falsch! Du hast ein fünftes Ass aus dem Ärmel gezogen!«
»Stimmt«, sagt der andere. »Aber aus deinem Ärmel!«

*

Sieben Uhr am Morgen. Der Boss der Texas-Bar schlummert in seinem Bett.
Da rasselt das Telefon. »Wann . . . wann macht die Bar auf?«, fragt einer am anderen Ende der Leitung.
»Heute Abend, du Idiot!«, brüllt der Boss und knallt den Hörer hin.
Nach einer Stunde läutet es wieder.
»W. . . w. . . wann macht die Dings, die Bar, auf?«, fragt der andere wieder.
»Ja, verdammt noch mal! Heute Abend!«, brüllt der Boss und hängt ein. Dann versucht er nochmals einzuschlafen. Aber gegen Mittag scheppert das Telefon schon wieder. Dann kommt nur noch ein Röcheln aus der Leitung:
»Wann macht ihr auf?«
»Mann, bist du wahnsinnig! Heute Abend! – Und außerdem kommen Besoffene bei mir überhaupt nicht rein!«
»W. . . w. . . wieso r. . . r. . . rein? Ich will hier raus!«

*

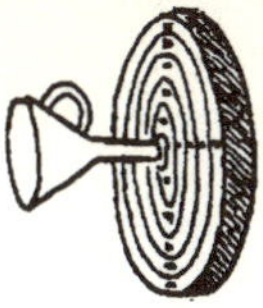

Kommt ein Fremder auf eine Farm und fragt: »Wo kann ich den Billy Bill sprechen?«

»Kannste nicht sprechen«, sagt der Farmer.

»Es heißt aber, dass Billy Bill einen Büchsenschuss von hier entfernt wohnt.«

»Genau deshalb kannst du ihn nicht sprechen.«

*

Bargespräch im Wilden Westen.

»Kennst du die Oma vom Cliff Ryder?«

»Und ob! Ein schreckliches Weib!«

»Wieso?«

»Sie hat eine giftige Zunge!«

»Was du nicht sagst!«

»Ja, die Indianer kommen von weit her, um mit ihrer Spucke die Pfeile zu vergiften!«

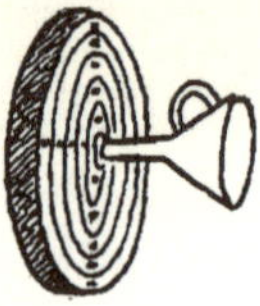

Cowboy Joe sitzt beim Pokern. Da flüstert ihm einer zu: »Mensch, haste noch nicht überzogen, der andere spielt mit falschen Karten!«
Flüstert Cowboy Joe zurück: »Solang der nicht merkt, dass ich mit falschen Dollars bezahle, macht das gar nichts!«

*

Sitzen vier Cowboys in einer Bar und pokern. Auf einmal lässt einer von ihnen die Karten sinken, gleitet vom Hocker und ist tot.
Da steht einer von den anderen auf und spricht feierlich die Worte »Freunde, wir sollten Steve zu Ehren die nächste Runde stehend spielen!«

*

Ein Western wird gedreht.
»Zum Schluss«, sagt der Regisseur zum Hauptdarsteller, »springst du von der Brücke direkt in den Fluss, kapiert?«
»Mann, ich kann doch nicht schwimmen!«, protestiert der.
»Ach, da mach dir mal keine Gedanken. Das ist sowieso die letzte Einstellung in diesem Film!«, beruhigt ihn der Regisseur.

*

In Prescott/Arizona haben sie einen Pferdedieb gefangen und geleiten ihn zum Galgen.

Der Kerl ist stocksauer, meckert ständig, nichts passt ihm. »Ein Scheißwetter ist das heute«, sagt er. »Und Kopfweh hab ich auch . . .«
»Also«, sagt der Henker. »Gegen das Scheißwetter kann ich leider nichts machen. Aber gegen das Kopfweh, da hab ich was« – und angelt nach dem Strick.

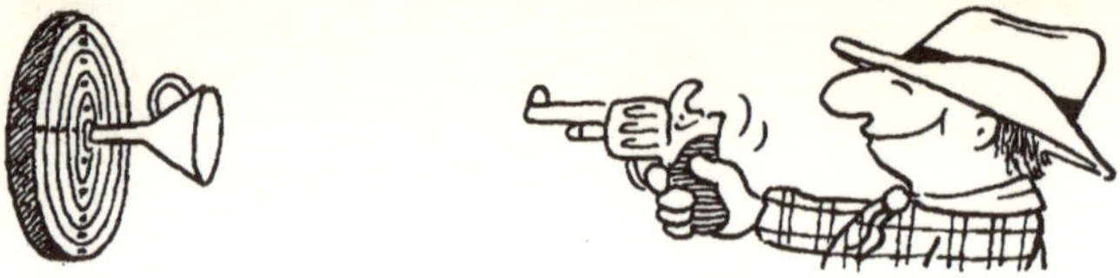

Eine Schule im Wilden Westen. Der Lehrer müht sich ab, um auf irgendeine Frage einmal eine Antwort zu kriegen. Kriegt aber keine. Es ist zum Verzweifeln. In der Pause dann grinsen sich die Cowboysöhne eins:
»Bei uns sind schon ganz andere umgelegt worden, nur weil sie zu viel gewusst haben!«

*

George ist aus bester Familie. Und das sollte man auch im Wilden Westen nicht vergessen.
»Meinen Großvater hat die Queen Viktoria mit einem Schwert an der Schulter berührt und machte ihn so zu einem Lord«, erzählt er.
»Pah«, sagt Clark. »Meinen Großvater hat Jimmy Cole mit der Faust am Kinn berührt und machte ihn so zum Engel.«

*

Die Cowboys sitzen da und pokern. Mit einem Mal gibt es eine kleine Meinungsverschiedenheit.
Woody, der nicht gerne redet, steht auf und gibt Tom Hale einen vor die Kinnlade.
»War das jetzt Ernst oder war's Spaß?«, fragt Tom Hale und reibt sich seinen Unterkiefer.
»Das war mein Ernst!«, sagt Woody.
»Dann ist's gut«, meint Tom Hale. »In solchen Dingen verstehe ich nämlich keinen Spaß!«

Kommt einer, ein Kerl wie eine Lokomotive, in die Bar und brüllt: »Wo ist Rocky Rivera?«
Steht so eine halbe Portion auf und sagt lächelnd: »Ja? Sie wünschen, Mister?«
Da haut die Lokomotive dem Kleinen eines vor die Kinnlade, dass die Fenster zittern, und verschwindet ohne ein weiteres Wort.
Als der Kleine nach geraumer Zeit wieder Zusammenhängendes hervorbringen kann, lacht er schallend und sagt: »Diesen Idioten habe ich vielleicht drangekriegt. Ich bin nämlich gar nicht Rocky Rivera!«

*

Woody sitzt in der Bar und versucht mit einem Zahnstocher eine Olive in seinem Martini aufzuspießen. Weil es aber schon sein zehnter Martini ist, hat er gewisse Probleme damit.
Wie er eine Weile so herumstochert, sagt O'Neal zu ihm: »Gib schon her, ich mach das!« Nimmt das Glas – und schwupp, mit einem Stich hat er die Olive.
»Siehst du, so macht man das!«, sagt er.
»Kunststück«, sagt Woody. »Nachdem ich das Biest schon müde gehetzt habe!«

Mit voller Power an die Mauer

Motorradrennen. Startschuss. Peng!
Und alle sausen los. Nur einer bleibt stehen.
»Mensch! Warum fahren Sie nicht?«, schreit der Starter.
»Weil du mir in den Reifen geschossen hast!«, brüllt der Fahrer.

*

»Horsti, wie war das mit deinem Gebrauchtwagen?
Wie viele Kilometer hat er gemacht?«
»Hundertsechzig!«
»Donnerwetter! Hundertsechzig in der Stunde?«
»Nein, im Ganzen.«

*

Das einzige Düsenflugzeug der Fluggesellschaft Crash-Line befindet sich über dem Ozean. Da beginnen plötzlich die Aggregate zu rauchen wie ein Fabrikschlot, die Tragflächen bröckeln schon langsam ab und der Flugkapitän greift zum Mikrofon:
»Meine Damen und Herren, wir haben hier ein kleines technisches Problem. Bitte bewahren Sie absolute Ruhe! Es besteht nicht der geringste Grund zur Aufregung. Ich werde Hilfe holen.«
Dann greift er zum einzigen Fallschirm an Bord und springt ab.

Roboter RoX1hi kommt an eine Tankstelle, sieht eine superschlanke Zapfsäule und hätte gern mit ihr geplaudert.
»Bist du auch ein Roboter?«, fragt er die Zapfsäule.
Keine Antwort.
»Ob du ein Roboter bist?«
Wieder nichts.
Da wird er wild. »Verdammt! Jetzt nimm endlich einmal den Finger aus dem Ohr, damit du mich verstehen kannst!«

*

Manni braust mit seiner Honda durch die Gegend. Da kommt ein Polizeiwagen, überholt ihn und hält ihn an.
»Sie sind mindestens hundertvierzig in der Stunde gefahren!«, schnauzt der Polizist.
»Bei Ihnen tickt's wohl nicht richtig!«, wehrt sich Manni.
»Wo ich doch erst zehn Minuten unterwegs bin!«

*

Herr Bleibein ist wieder einmal mit seinem Auto viel zu schnell gewesen und bekommt ein Bußgeld aufgebrummt.
Der Polizist reicht ihm die Quittung.
»Was soll ich damit?«, faucht Herr Bleibein.
»Aufheben«, sagt der Polizist. »Wenn Sie zwölf beisammen haben, kriegen Sie ein Fahrrad!«

*

Fernfahrerraststätte. Ein im Auspuffgestank ergrauter Brummilenker möchte in Ruhe sein Schnitzel verspeisen. Da kommen draußen ein paar Motorradfreaks mit einem kernigen Sound angefahren, latschen in den Speisesaal und setzen sich an den Tisch unseres Brummilenkers.

»Na, schmeckt's, Grufti?«, fragt einer. »Komm, lass mich mal probieren!«, sagt er dann, packt das ganze Schnitzel und frisst es auf.

»Wie ist das Cola hier?«, fragt ein anderer, nimmt das Glas des Brummilenkers und säuft es aus.

»Willst du Ketschup?«, fragt ein dritter, nimmt die Flasche vom Tisch und bespritzt den Brummilenker.

Der legt das Geld auf den Tisch und verschwindet, ohne ein Wort zu sagen.

»So eine abgemagerte Mumie!«, lachen die Freaks.

»Lässt sich alles gefallen und macht 'ne Fliege!«

»Ja«, sagt der Wirt, »und Auto fahren kann er auch nicht. Soeben hat er beim Zurückstoßen drei Feuerstühle zu Schrott verarbeitet!«

Das Flugzeug kreist über die Wüste. Der Motor hat ausgesetzt, und die Maschine setzt zur Notlandung an. Unten läuft den Löwen bereits das Wasser im Munde zusammen.

»Aber vergesst nicht«, sagen die besorgten Löwenmuttis zu ihren Kinderchen, »von Flugzeugen kann man nur das Innere essen!«

*

Isidor ist zum ersten Mal geflogen und redet von nichts außerdem mehr.

»Ihr glaubt nicht, wie toll das ist, fliegen, fliegen und immer wieder fliegen . . .«

»Ich kann diese Viecher nicht leiden!«, brummt Beppo.

*

Horsti kommt mit dem Kleinwagen zu Radio-Huber.

»Ich möchte ein Autoradio.«

»Mit Lang-, Mittel- und Ultrakurzwelle?«

»Nein. Ich habe einen Kleinwagen, da geht nur Kurzwelle rein!«

*

Rudi fährt mit Dorchen ins Grüne.

Da haben sie eine Panne. Rudi steigt aus.

»Nicht schlimm!«, ruft er. »Der Reifen ist nur unten platt!«

»Beppo hat nichts als sein Auto im Kopf!«
»Das ist doch gut. Da spart er sich die Garage.«

*

Tommy Allen, der supersportliche Porschefahrer, gleitet mit 100 durch die Landschaft. Plötzlich traut er seinen Augen nicht mehr.
Da fährt doch tatsächlich so ein junger Typ mit seinem Moped auf gleicher Höhe neben ihm her.
Tommy tritt aufs Gaspedal. 120. Der Typ hält mit. 140. Der Typ ist immer noch da.
160. Es ist unglaublich, dieser Mopedzwerg ist nicht abzuschütteln. 180! Er ist immer noch neben Tommy!
Da beginnt Tommy, die Sache sportlich zu nehmen. Er bremst ab. Der Typ tut das Gleiche. Tommy lässt das Seitenfenster runter und fragt: »Na, Kleiner? Hast wohl den Tiger im Tank!«, ruft er.
»Nö«, sagt der Typ. »Meinen Schlips in Ihrer Tür!«

*

Was ist das?
Ist gelb, grün oder rot und fliegt nach Amerika?
Das sind Gummibärchen in einem Jumbojet.

*

Isidor steht zum ersten Mal in einem Cockpit und ist von den tausend Hebeln, Skalen, Knöpfen und Zeigern tief beeindruckt.
»Mann, oh Mann«, sagt er zum Piloten. »Sagen Sie mal, wie haben sich die Leute früher orientiert, bevor es dieses Zeugs da alles gab?«
»Oh, die Burschen damals waren ganz clever«, erzählt der Flugkapitän. »Wenn die wissen wollten, wo sie gerade waren, dann sind sie einfach gelandet. Der Pilot hat die Stewardess fortgeschickt, um Brötchen zu kaufen, und an der Aufschrift der Tüte haben sie erkannt, wo sie waren.«

*

Omilein besteigt den Jumbojet. Es ist ihr erster Flug, aber Omilein ist mutig und heiter.
»Wo möchten Sie am liebsten sitzen?«, fragt die Stewardess.
»Am Fenster«, antwortet Omilein. »Ich liebe frische Luft!«

*

»Keine Angst«, erklärt der rasende Doktor in seinem Kleinauto den erschrockenen Mitfahrern, als es plötzlich dunkel wird. »Wir unterqueren nur einen Tanklastzug!«

*

»Daddy«, meint Alex, »lass mich bitte mal mit dem BMW fahren, ich bin doch schon alt genug.«
»Du schon . . . aber der BMW noch nicht!«

*

Für scharfe Denker:
Wenn ein Auto in scharfem Tempo eine Rechtskurve nimmt, welches Rad wird dabei am wenigsten abgenutzt?
Das Reserverad.

*

Die Linienmaschine ist unterwegs von Paris nach Helsinki. Da stürmt ein maskierter Typ ins Cockpit und brüllt:
»Sofort Kursänderung! Unser Ziel ist jetzt Kairo! Ich habe eine Pistole dabei!«
Der Pilot grinst.
»Da sind Sie zu spät dran, Mister. Vor fünf Minuten war ein Fräulein mit einer Bombe da, die hat Havanna bestellt!«

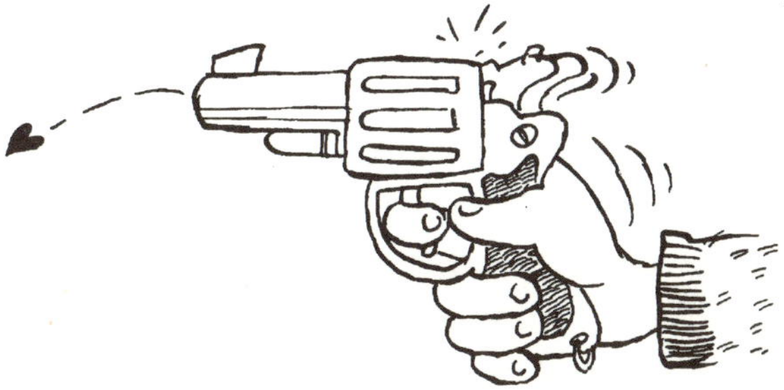

»Wo hast du deinen Wagen geparkt?«
»Gleich hinter dem Haus, direkt an der Ruine des Gartenhäuschens.«
»Ruine? Du gefällst mir! Mein Gartenhäuschen ist so gut wie neu!«
»Ich sage doch, dass ich direkt davor mein Auto geparkt habe!«

*

Trudilein, der Straßenschreck, fuhr mit 150 Sachen bei Regen in eine Linkskurve.
Als sie wieder aufwachte, lag sie in einem Bett und ein alter Herr mit Lockenbart beugte sich über sie.
»Was ist passiert?«, fragte Trudilein.
»Du hattest einen Unfall.«
»Und was soll ich mit dem Lenkrad da an der Hand?«
»Das ist kein Lenkrad. Das ist eine Harfe, mein Engel«, sagte der alte Herr.

*

Mario kommt mit einer Kawasaki dahergebraust.
»Halt!«, ruft da ein Polizist. »Kann ich deinen Führerschein sehen?«
»Aber ich dachte«, stottert Mario, »einen Führerschein braucht man erst mit 18 Jahren!«

Trudilein, der Straßenschreck, hat den ersten Wagen bekommen. Und schon bei der ersten Ausfahrt bleibt das Ding stehen.
Kommt ein Kavalier der Straße daher und sieht sich die Sache an. Nach einiger Zeit weiß er's:
»Fräulein, Ihr Wagen hat ja kein Benzin mehr!«
»Oje. Aber sagen Sie mal, wenn ich jetzt ganz, ganz vorsichtig heimfahre, kann das dem Motor schaden?«

*

Der Roboter RoX1hi, seine Freunde nennen ihn Robby, geht in eine Gastwirtschaft und sieht einen Spielautomaten.
»Hallo, Kumpel«, sagt Robby und klopft dem Spielautomaten auf den Deckel.
Da rasselt der Automat und spuckt Münzen um Münzen aus.
Erschrocken sagt Robby: »Mit so einer Erkältung sollten Sie aber zu Hause bleiben, Herr Kollege!«

*

Der Lastwagen nähert sich einer Unterführung.
»Mist«, sagt der Fahrer. »Jetzt müssen wir umkehren. Die Unterführung ist nur bis 2,50 Meter Höhe zugelassen. Und wir haben 3,60!«
»Ach, mach dir doch nicht in die Hose. Gib Gas und durch!«, sagt der Beifahrer. »Ist ja kein Bulle in der Nähe!«

»Hast du einen Führerschein?«, fragt der Polizist.
»Ja. Möchten Sie ihn sehen?«
»Nein, das ist nicht notwendig. Nur, wenn du keinen gehabt hättest, dann hätte ich ihn sehen müssen!«

*

»Horsti, du wolltest doch mit deinem Kleinwagen nach England? Ist daraus nichts geworden?«
»Ach, weißt du, ich habe gehört, dass die da drüben Linksverkehr haben. Das habe ich dann auf der Autobahn München–Nürnberg ausprobiert. Und ich muss sagen, die paar Stunden haben mir gereicht!«

*

Trudilein, der Straßenschreck, hat auf der Autobahn einen Geisterfahrer überholt und wird gestoppt.
»Ihren Führerschein?«, sagt der Beamte. »Den sind Sie los!«
»Wieso Führerschein?«, fragt Trudilein. »Den hab ich doch schon vorige Woche einem Ihrer Kollegen gegeben. Sagen Sie bloß nicht, den haben Sie verschlampt!«

*

Roboter RoX1hi geht spazieren und kommt an einer Verkehrsampel vorbei.
Da schaltet die Ampel auf Rot.
»Jetzt hat sie mir zugezwinkert!«, freut sich Robby.

Wieder einmal wird Trudilein, der Straßenschreck, angehalten.
»Sagen Sie mal, haben Sie das Schild mit der Geschwindigkeitsbeschränkung nicht gesehen?«, fragt der Polizist.
»Sie glauben doch nicht im Ernst«, sagt Trudilein, »dass man bei dem Tempo, das ich draufhatte, noch ein Verkehrsschild erkennen kann? Na also. Und jetzt lassen Sie mich weiterfahren!«

*

Trudilein, der Straßenschreck, steht eisern an einer Kreuzung. Hinter ihr hupen sie wie wild, aber Trudilein fährt nicht weiter.
»Ja, zum Donnerwetter, warum fahren Sie nicht?«, brüllt der Schutzmann. »Jetzt hat die Ampel schon mindestens zehn Mal gewechselt und Sie stehen immer noch da!«
»Der Arzt hat mir Rotlicht verordnet«, sagt Trudilein.

Die Gemeinde hat vor der Schule ein Plakat angebracht:
»Bitte überfahren Sie unsere Schulkinder nicht!«
Einer hat darunter geschrieben:
»Warten Sie lieber, bis die Lehrer kommen!«

*

Wegen der Benzinkrise besteht allgemeines Fahrverbot. Da meldet sich Karl-Theodor im Rathaus und will eine Ausnahmegenehmigung.
»Ich möchte die Leute zur Autobahn fahren«, sagt er.
»Was wollen die Leute an der leeren Autobahn?«, wird er gefragt.
»Die leere Autobahn besichtigen«, sagt Karl-Theodor.

*

»Hast du unseren neuen Wagen auch wieder schön in die Garage gestellt?«, fragt Vati.
»Ja«, antwortet unser großer Bruder. »Das heißt, die wichtigsten Teile sind schon drin.«

*

Horsti hat sich endlich ein neues Auto gekauft. Ein toller Wagen mit allen Schikanen, so hat es beim Autohändler geheißen.
»Jetzt wollte ich losfahren und schon funktioniert der Anlasser nicht!«, beschwert er sich beim Autohändler.
»Siehst du, das ist schon die erste Schikane«, sagt der.

Klausi hat einen Kleinwagen gekauft, alt und billig, und fährt zum Tanken vor.
»Voll tanken und waschen!«, sagt er.
». . . auch bügeln?«, fragt der Tankwart.

*

Horsti prüft sein Auto. Und die Schwester Susi hilft ihm dabei.
Horsti schaltet den Scheinwerfer ein.
»Geht!«, ruft Susi.
Horsti schaltet das Rücklicht ein.
»Geht!«, ruft Susi.
Horsti schaltet den Blinker ein.
»Geht – geht nicht – geht – geht nicht – geht – geht nicht!«, brüllt Susi.

*

»Was kostet ein Rundflug über Frankfurt?«
»Wollen Sie den Flug hin und zurück?«

*

Der Tankwart meint: »Ihre Reifen sind abgefahren, mein Herr.«
»Dann nichts wie hinterher!«, ruft der Mann.

*

Klausi bringt seinen Kleinwagen zum Mechaniker.
Der rutscht unter das Auto, klopft ein wenig herum, und als er wieder zum Vorschein kommt, sagt er:
»Also, ehrlich. Wenn's ein Pferd wäre, würde ich sagen, sofort erschießen!«

*

Die Astronauten verlassen die Milchstraße.
»Alles in Butter«, funken sie der NASA zurück.

*

Die Boeing hebt ab und nimmt Kurs auf New York. Da erscheint so ein Typ im Cockpit, kitzelt die beiden Piloten mit einer Pistole an der Nase und sagt, dass er nach New York wolle.
»Aber . . .«, sagt der Pilot.
»Nichts ›aber‹, ich will nach New York, sonst wird das kleine Ding in meiner Hand böse!«
Also gut, sie fliegen und landen in New York. Dort angekommen, sagt der Pilot zu dem Typen: »Wissen Sie eigentlich, dass wir sowieso nach New York geflogen wären?«
»Klar weiß ich das. Ich bin ja nicht doof«, antwortet der Typ. »Ich wollte nur verhindern, dass mir so ein dämlicher Luftpirat zuvorkommt und den Vogel nach Teheran oder sonst wohin entführt.«

Weißt du . . .

. . . warum Gewitter bei Nacht so gefährlich sind?

Weil der Blitz dann so schwer den Blitzableiter treffen kann.

*

Trudilein, der Straßenschreck, steht mit ihrem Kleinwagen auf dem Autobahnrastplatz und der Motor raucht, was das Zeug hält. Kommen ein paar herzlose Typen vorbei und blödeln: »Na, Mädchen, darf dein Kleiner überhaupt schon rauchen?«

*

Herr Randomir kommt mit einem eingebundenen Kopf daher.

»Was haben Sie gemacht?«, wird er gefragt.

»Auf das neue Jahr angestoßen«, sagt Herr Randomir.

»Mit Sektgläsern?«

»Nein, mit Autos.«

»Also, Trudilein, das ist jetzt das fünfte Auto, das du zu Schrott fährst«, schimpft Vati.
»Das kannst du so nicht sagen«, wehrt sich Trudilein.
»Vier waren es. Das fünfte hatte vorher schon einen Kratzer!«

*

Allmählich wird Omilein doch ein wenig ängstlich.
»Stürzt so ein Flugzeug öfter ab?«, fragt sie.
»Eigentlich nicht. Meistens nur einmal«, tröstet die Stewardess.

*

»Ist schon toll«, sagt Omilein im Flugzeug zur Stewardess. »Die Menschen da unten sind so groß wie Ameisen. Wie hoch fliegen wir schon?«
»Wir stehen noch«, antwortet die Stewardess. »Und es sind Ameisen.«

*

Trudilein der Straßenschreck hat wieder einmal ihren Wagen an einem Straßenbaum abgebremst. Jetzt ist der Rest in der Reparaturwerkstatt.
»Nun, wie steht's?«, fragt Trudilein nach ein paar Tagen.
»Also, Fräulein, zunächst einmal die gute Nachricht. Das Handschuhfach ist noch ganz in Ordnung.«

Was muss man erst einmal tun, damit man aus dem Zug aussteigen kann?
Einsteigen!

*

Weißt du . . .
. . . was ist, wenn es blitzt?
Dann fotografiert der liebe Gott die Menschen.

*

Für scharfe Denker:
Woran erkennt man am Himmel englische Passagiermaschinen?
Weil sie links fliegen.

Die Schlaffis von der letzten Bank

Karlheinz hat den Schuldirektor aus dem Baggersee gezogen und so vor dem Ertrinken gerettet.
»Dafür sollst du belohnt werden. Hast du einen besonderen Wunsch?«
»Oh ja«, sagt Karlheinz. »Sagen Sie bitte niemandem, dass ich Sie herausgezogen habe!«

*

»Wenn man gut stricken kann«, sagt die Handarbeitslehrerin, »dann braucht man überhaupt nicht hinzusehen. Ich, zum Beispiel, kann im Dunkeln stricken und nebenbei ein Buch lesen!«

*

»Wie nennt man einen Menschen, der redet und redet, ohne dass ihm jemand zuhört?«
»Lehrer, Herr Lehrer!«

*

»Kennst du Elke Müller?«
»Ja.«
»So gut, dass ihr miteinander redet?«
»Viel besser. So gut, dass wir *nicht* mehr miteinander reden!«

*

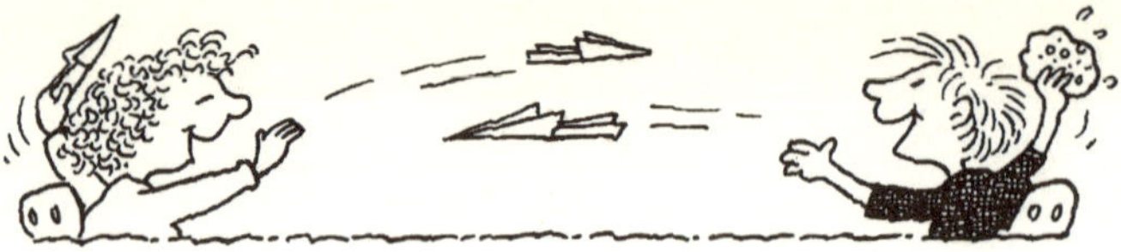

Der Herr Lehrer Kleinheistermann beschließt seiner Klasse endlich einmal Sauberkeit beizubringen.

Und bald darauf erwischt er einen, der sich offensichtlich überhaupt nicht gewaschen hat. Darum schickt er den Karl auf der Stelle nach Hause.

Da kommt am nächsten Tag die ganze Klasse ungewaschen zur Schule.

Der Pfarrer möchte seiner Klasse erklären, was ein Wunder ist.
»Stellt euch vor, einer steht auf dem Olympiaturm und fällt dann herunter. Er bleibt aber heil. Was ist das?«
»Schwein gehabt.«
»Also gut. Dann sagen wir, der Mann fällt noch einmal herunter und wieder passiert ihm nichts. Was ist es dann?«
»Training.«
»Ach Unsinn! Nehmen wir also an, er fällt ein drittes Mal herunter und wieder macht's ihm nichts. Was ist das dann?«
»Dann ist das ein Idiot. Wer fällt schon drei Mal vom Olympiaturm!«

*

Weißt du . . .
. . . welches die größte Insel der Welt war, bevor Australien entdeckt wurde?
Australien.

*

Die ganze Familie ist fix und fertig. Der Heiner hätte unbedingt durchkommen müssen. Sie haben ihm sogar ein Fahrrad dafür versprochen. Und jetzt ist er wieder durchgefallen.
»Ja, Herrgott noch mal, was hast du in den letzten Monaten überhaupt getan?«, tobt Papi.
»Radfahren gelernt«, sagt Heiner.

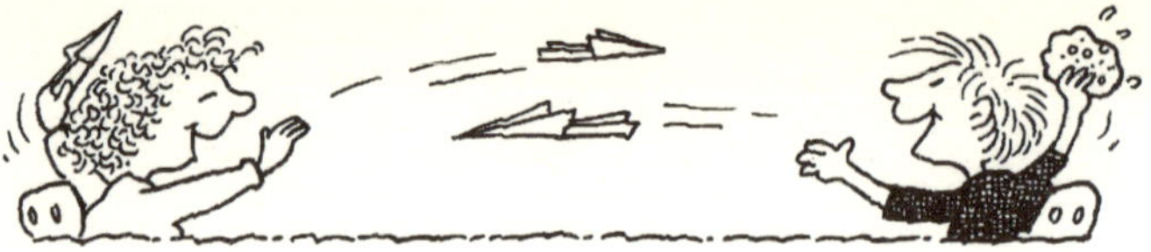

Simon war krank. Jetzt ist er wieder in der Schule.

»Seit wann hast du gefehlt?«, will Lehrer Kleinheistermann wissen.

»Seit der Schlacht im Teutoburger Wald«, sagt Simon.

»Wir haben einen in der Klasse, der wollte uns die New Yorker Freiheitsstatue für fünfzig Euro verkaufen!«

»Und was habt ihr gemacht?«

»Der Typ ist ja total bescheuert. Wir haben ihn auf dreißig Euro heruntergehandelt.«

*

Patrizia besucht ein stinkfeines Mädchenpensionat.

In den Ferien wird sie von einem ehemaligen Freund gefragt:

»Was lernt ihr so Besonderes in eurem Pensionat?«

»Bildung, du Idiot!«, faucht Patrizia.

*

»Warum starrst du dauernd auf das Blatt deines Nachbarn?«

»Weil der so undeutlich schreibt!«

*

»Mama, Mama, wo ist mein Hemd von gestern?«, ruft Rainer am frühen Morgen.

»In der Waschmaschine.«

»Dann ist es aus! Auf dem Ärmel standen alle deutschen Kaiser. Und heute schreiben wir eine Arbeit!«

*

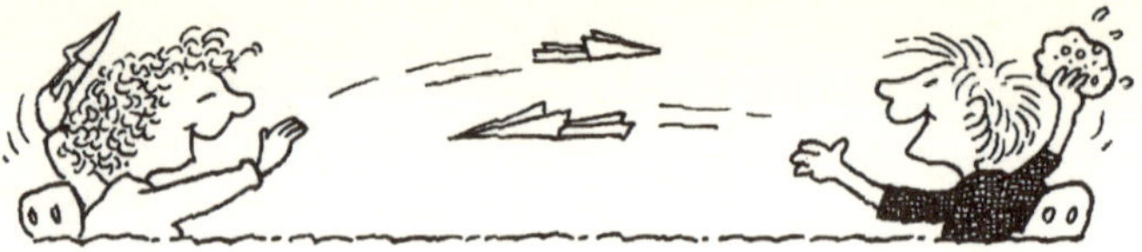

»Ich wäre im Englischen eigentlich gar nicht so schlecht«, erklärt Bruno, »wenn da bloß nicht so viele Fremdwörter vorkommen würden!«

*

Die Schüler sollen eine Weihnachtskrippe zeichnen.
Connie hat das schön gemacht.
»Aber«, fragt die Lehrerin, »was soll dieses kleine, grinsende Wesen mit dem runden Kopf, den zwei Mäusezähnen und den drei Haaren auf dem Kopf, das du da zwischen Ochs und Esel gemalt hast?«
»Das ist der Owi.«
»Welcher Owi?«
»Es heißt doch: »Stille Nacht, heilige Nacht! Gottes Sohn, Owi lacht . . .«

*

»Ein Ferienidyll« war als Hausaufgabe zu zeichnen.
Dirk liefert ein leeres Blatt ab.
»Was soll das?« Des Lehrers Stimme klingt bedrohlich.
»Das sind Kühe auf der Weide«, erklärt Dirk.
»Und wo ist das Gras, wenn ich fragen darf?«
»Haben die Kühe schon weggefressen.«
»Und die Kühe? Wo sind die Kühe?«
»Was sollen Kühe auf einer Weide, wo kein Gras mehr ist?«

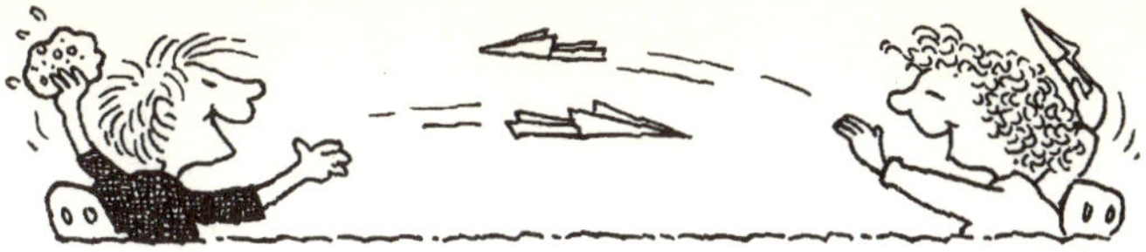

Christian hat sich zu einer wichtigen Entscheidung durchgerungen.

Er will nicht mehr in die Schule gehen.

»Ich kann nicht rechnen,
in Deutsch bin ich eine Niete,
Englisch ist so gut wie null,
und was ich auch sage,
der Lehrer glaubt mir kein Wort,
was soll also das Ganze noch!«, erklärt er seinem Vater.

*

»Gestern hast du mir erzählt, du hättest fünf Einser gekriegt. Und jetzt kommst du mit dieser Fünf daher!«

»Konnte ich wissen, dass der blöde Lehrer die fünf Einser zusammenzählt?«

*

Hannes kommt von der Schule heim.

»Gibt's was Neues?«, fragt der Vater.

»Ziemliche Pleite. Eine Sechs und eine Fünf gekriegt . . .«

»Ich habe gefragt, ob es etwas Neues gibt«, sagt der Vater.

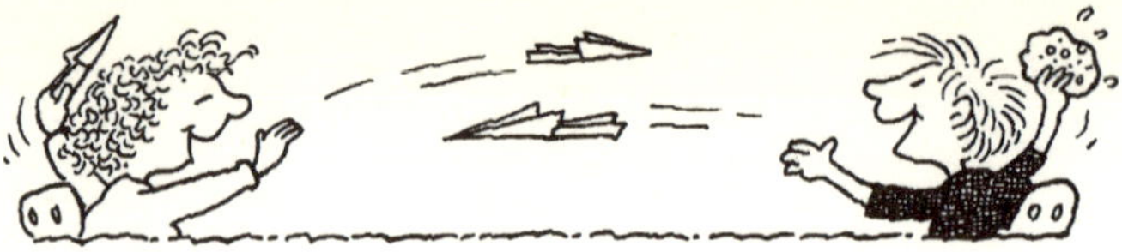

Die Lehrerin baut die Rechenübungen in schöne Beispiele ein. »Eine Treppe hat zweimal drei Absätze und jeder Absatz hat 16 Stufen. – Wie viele Stufen musst du steigen, bis du ganz oben bist?«, fragt sie.
»Alle«, antwortet Hubert wie aus der Pistole geschossen.

*

»Ist euer Lehrer launisch?«
»Gar nicht. Der hat immer die gleiche scheußliche Stimmung.«

*

Heiner kommt nach Hause.
»Na, wie war's in der Schule?«, fragt Mami. »Hast du was gekonnt?«
»Was ist los?«, brummt Heiner. »Suchst du schon wieder Streit, Mami?«

*

Frage aus der Physik: »Was ist ein Kilowatt?«
Antwort aus der letzten Bank: »Zwei Pfund Elektrizität.«

*

Der Lehrer ist verzweifelt.
»Benny«, sagt er. »Deine Hausaufsätze sind eine Katastrophe! Hast du keinen Bruder, der dir helfen kann?«
»Jetzt noch nicht«, sagt Benny. »Aber bald bekomme ich einen.«

»Wie war's bei der Aufnahmeprüfung?«

»Scheiße. Zuerst ging's phantastisch. Da habe ich vier Fragen tadellos beantwortet. Dann war's wie abgeschnitten.«

»Was waren die ersten Fragen?«

»Name. Geboren wann? Geboren wo? Name des Vaters. Dann war Sense.«

*

»Wenn ich Generaldirektor wäre«, lautet das Thema des Klassenaufsatzes.

Dirk sitzt da, hat die Beine übereinander geschlagen und schaut in die Luft.

»Na los, warum schreibst du nicht?«, fragt die Lehrerin.

»Ich warte auf die Chefsekretärin zum Diktat.«

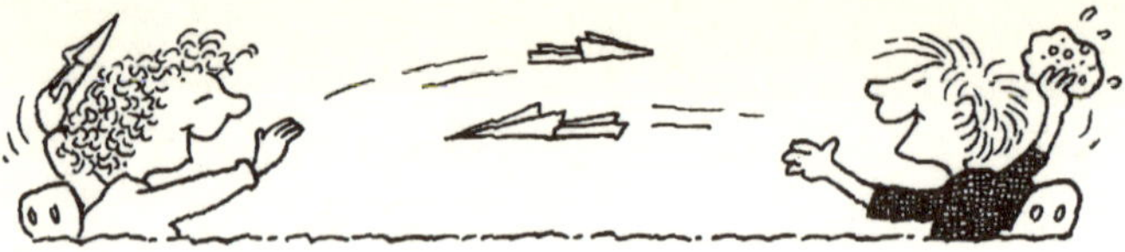

»Bist du wenigstens dieses Jahr durchgekommen?«
»Nein. Aber so knapp wie diesmal bin ich noch nie durchgefallen!«

*

»Ich glaube, diese Frage macht dir große Schwierigkeiten!«, sagt Lehrer Kleinheistermann.
»Die Frage nicht, aber die Antwort.«

*

Der Lehrer ist ein falscher Kerl. Immer wenn man ihn anschwindelt, tut er, als würde er es glauben.

*

Vergnügt grinsend, steht die Lehrerin am Schultor.
»Na, wie waren die Ferien?«, fragt sie ihre Sprösslinge.
»Schön. Aber viel zu kurz für einen Aufsatz!«

*

Das Gegenteil.
Die Klasse übt. »Das Gegenteil von einig?«
»Uneinig.«
»Das Gegenteil von unendlich?«
»Endlich.«
»Das Gegenteil von frei?«
»Besetzt«, sagt Klausi.

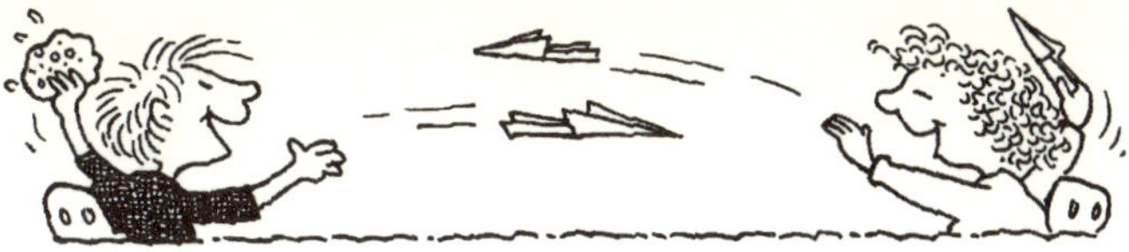

Kurtchen hat ein miserables Zeugnis mitgebracht. Nur Fünfer und Sechser. Bis auf Singen. Da hat er eine Eins.
»Mich wundert nur, wie man bei solchen Noten noch singen kann!«, sagt der schwer geprüfte Vater.

*

»Hast du diese Hausaufgaben ganz alleine gemacht?«
»Na klar!«
»Fast nicht zu glauben.«
»Wieso?«
»Dass ein Mensch allein so viele Fehler machen kann!«

*

»Wer kann mir Streichinstrumente nennen?«
»Geige.«
»Cello.«
»Und du, Kurti, sag auch was!«
»Pinsel, Herr Lehrer.«

*

In der Schule haben sie einen Trick herausgefunden, damit in Zukunft alle pünktlich beim Klingelzeichen da sind.
Der Letzte, der kommt, muss klingeln.

*

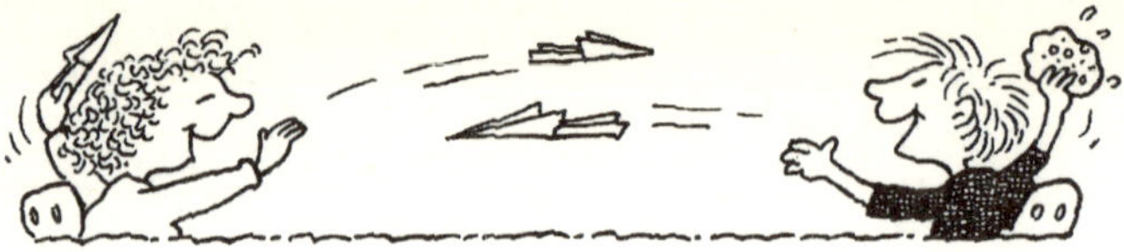

Mutti flippt aus und tobt wieder einmal in der Wohnung herum.
Meint Max zum Vati: »Vati, was hätten wir zwei für ein schönes Leben, wenn du nicht geheiratet hättest!«

*

Der erste Schultag.
»Wie war's?«, fragt Vati.
»Schön.«
»Hast du schon was gelernt?«
»Ja, dass alle anderen mehr Taschengeld kriegen als ich!«

Tante Cordula ist zu Besuch da. Und sie mischt sich in alles ein, was sie nichts angeht.

»Du musst dein Vollkornmüsli unbedingt aufessen!«, sagt sie zu Lissi. »Das müssen alle Kinder. Dann werden sie später einmal klug und schön.«

»Und warum hast du früher kein Vollkornmüsli gegessen?«, fragt Lissi.

*

Erdkundeunterricht.

»Fritzchen, komm an die Landkarte!«

Fritzchen kommt.

»So, jetzt zeigst du uns, wo Amerika liegt!«

»Gut. Und nun«, die Lehrerin wendet sich an die Klasse, »sagt mir, wer hat Amerika entdeckt?«

»Fritzchen!«, ertönt es aus vielen Kehlen.

*

Das Söhnchen des Millionärs kommt in die Schule.

»Na, Kleiner, wie weit kannst du schon zählen?«, fragt das Fräulein Lehrerin.

»Bis zehn«, antwortet das Söhnchen.

»Ei, wie schön. Zeig's mal!«

Und das Söhnchen beginnt: »Eine Million, zwei Millionen, drei Millionen . . .«

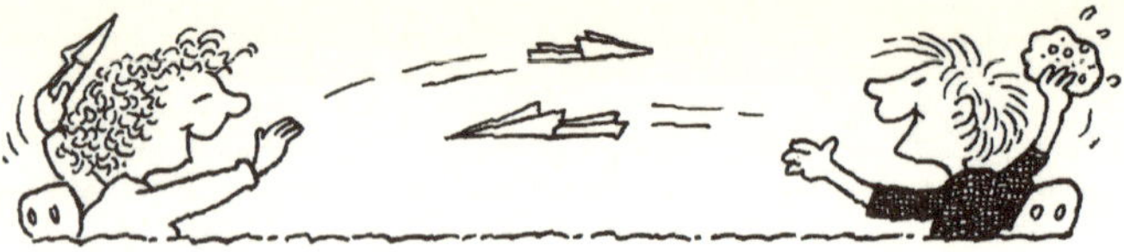

»Ein Fußballspiel« lautet das Thema des Hausaufsatzes. Nachdem Ossi eine Stunde lang am Kugelschreiber herumgekaut hat, bringt er einen Satz aufs Papier. Er lautet:
»Der Platz war unbespielbar.«

*

Herr Kleinheistermann tadelt den Flori: »Jetzt bist du mitten im Unterricht eingeschlafen!«
»Ja, schon. Aber ich habe immer von der Schule geträumt!«, entschuldigt sich Flori.

*

Herr Lehrer Kleinheistermann hat im Gasthaus gespeist und bekommt die Rechnung.
Da sieht er etwas, das er unmöglich durchgehen lassen kann. Er ruft den Kellner:
»Lesen Sie, was Sie da geschrieben haben: Kotelet 5 Euro! Da fehlt doch ein ›t‹!«
Der Kellner entschuldigt sich und bald darauf hat Herr Kleinheistermann die neue Rechnung: »Ein Kotelet 5 Euro, ein Tee 2 Euro 50.«

*

»Jetzt frage ich dich zum letzten Mal: Wann wirst du endlich fleißiger werden?«, ruft der Lehrer Kleinheistermann.
Gott sei Dank, dass die blöde Fragerei endlich aufhört!, denkt Alex.

*

Naturkundeunterricht. »Die Vögel schleppen Futter herbei und füttern ihre Jungen«, erzählt die Lehrerin.
Da beginnt Emil hämisch zu grinsen.
»Was gibt's da zu grinsen?«
»Weil die Mädchen nichts bekommen.«

*

Der Pfarrer erklärt im Religionsunterricht, wie es sein wird, wenn die Welt untergeht:
»Dann wird es blitzen und krachen, Regenmassen stürzen vom Himmel, die Sonne verschwindet, es wird kohlpechrabenschwarz . . .«
Da meldet sich Susi: »Kriegen wir dann schulfrei?«

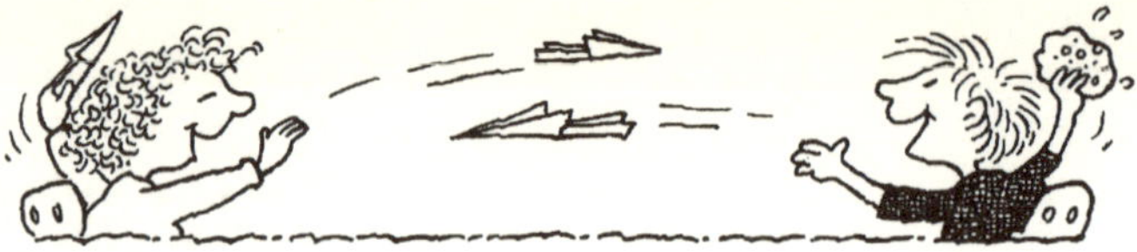

Karlchen klopft bei Herrn Lehrer Kleinheistermann an die Tür.

»Was ist?«

»Mein Bruder Tommy kann heute nicht kommen. Er hat Fieber.«

»Soso. Wie hoch ist denn sein Fieber?«

»Das wissen wir nicht genau. Das Fieberthermometer ist kaputt. Aber das Einkochthermometer steht auf Stachelbeeren.«

*

Der Herr Lehrer Kleinheistermann lässt Dolfis Vater kommen, denn es gibt ein ernstes Problem.

»Seit Wochen ahmt mich Ihr Sohn nach, wo er geht und steht!«, schimpft Herr Kleinheistermann. »Er redet wie ich, macht die gleichen Gesten wie ich . . .«

»Und ich sage diesem Kerl immer«, wirft der Vater ein, »dass er sich nicht aufführen soll wie ein Verrückter.«

*

Studienrat Klaffke schlendert durch den Hamburger Hafen. Er sieht einen alten Seemann.

»Kommen Sie einmal her«, sagt Studienrat Klaffke. »So, sagen Sie mir bitte, woher dieses Schiff kommt!«

»Aus Brasilien«, antwortet der Seemann.

»Gut«, sagt Klaffke. »Sie können sich setzen.«

Super, schrill und echt gut drauf

Felix hat sich eine Freundin zugelegt. Es ist seine erste. Darum klappt's mit der Unterhaltung noch nicht so recht.

»Wie geht's?«, fragt Felix.

»Danke, gut.«

»Und wie geht's deiner Mutter?«

»Danke, gut.«

»Pause.

Dann: »Wie geht's deinem Vater?«

»Danke, gut.«

Noch längere Pause.

»Wie geht's deinem Bruder?«

»Auch gut.«

Dann eine ganz lange Pause.

Endlich sagt die neue Freundin:

»Du, ich habe auch noch eine Großmutter.«

»Mensch, ist das ein beknacktes Gedränge!«, stöhnt Martina, als im Bus dreimal so viele Leute sind wie hineinpassen.
»Und gestern hast du in der Disco so etwas eine fetzig geile Atmosphäre genannt!«

*

»Mit Ted gehe ich nie mehr in eine Disco«, schimpft Tommi. »Mit dem muss man sich ja schämen. Der Kerl hat nie Geld bei sich!«
»Wieso, wollte er dich anpumpen?«
»Er mich? Nein. Als ich ihn bat mir Geld zu leihen, hatte er wieder einmal keines!«

*

»Hast du schon gehört, Charlie raucht nicht mehr!«
»Na, so was! Seit wann denn?«
»Seit er sich neben dem Tanklaster ein Zigarillo anzünden wollte!«

*

»Nie werde ich meinen ersten Kuss vergessen!«
»Oh mei, oh mei, bist du so romantisch?«
»Das nicht. Aber der Typ hatte eine Zigarette im Mund!«

*

Die Abgase haben auch ihr Gutes!
Einbrecher zum Beispiel arbeiten doch nur, wenn die Luft rein ist.
Dann gibt es also bald keine Einbrecher mehr!

*

»Weißt du«, fragt der Kontrolleur, »was mit Typen geschieht, die keinen Fahrschein haben?«
»Die dürfen umsonst mitfahren«, meint Hansi.

*

Karlchen soll auf ein Pferd steigen. Es ist das erste Mal. Skeptisch betrachtet er die Steigbügelriemen.
»Und wie schnallt man diese Sicherheitsgurte an?«

*

Isidor wächst über sich hinaus.
»Ich kann jetzt auch italienisch, französisch, griechisch und chinesisch . . .«
». . . reden?«
»Nein, essen!«

*

Maike, das Mini-Monster, kauft einen Besen.
»Soll ich ihn dir einpacken«, fragt der Verkäufer, »oder willst du damit gleich wegfliegen?«

»Die Trude ist frech und faul. Und außerdem wäscht sie sich nie. Und sie lügt ihre Mami an, wo sie nur kann . . .«
»Jetzt halt mal die Luft an! Woher willst du das alles wissen?«
»Und ob ich das weiß! Ich bin doch ihre beste Freundin!«

*

»Wo geht es da zum Roxy-Kino?«
»Geradeaus.«
»Verdammt noch mal. Immer wenn ich in ein Kino möchte, ist's gerade aus!«

*

Karl-Konrad betritt die Disco und spielt lässig mit einem Autoschlüssel, auf dem ein berühmter Stern glänzt.
Da raunt ihm jemand ins Ohr: »Mensch, zumindest solltest du deine Fahrradklammern von den Hosenbeinen nehmen!«

*

»Herr Doktor, ich glaube, mein Bruder spinnt. Er bildet sich nämlich ein, er sei eine fliegende Untertasse.«
»So leicht darf man das nicht nehmen. Er soll gleich einmal in meine Sprechstunde kommen.«
»Finde ich auch. Wo haben Sie einen geeigneten Landeplatz?«

Fridolin hat die Typen vom Reitklub zu einer Party eingeladen. Da war einiges los!
Am anderen Tag entschuldigt er sich bei den Leuten, die unter ihm wohnen: »Hoffentlich war's nicht zu schlimm.«
»Oh nein«, sagen die. »Es war schon zum Aushalten. Aber sag mal, wie habt ihr es geschafft, die Pferde alle in die Wohnung zu bringen?«

*

In der Disco an der Bar mault einer: »Der Scheißkaffee hier ist eiskalt!«
»Dann tausch mit dem Typ dort drüben. Der schimpft schon die ganze Zeit, dass seine Cola warm ist.«

Mick und Muck waren im Kino.
»Habt ihr euch gut unterhalten?«, fragt die Mutter.
»Zuerst schon . . .«
»Und dann?«
»Dann haben die Nachbarn dauernd geschimpft.«

*

»Ich lasse mich überhaupt nicht gerne fotografieren«, sagt Julius. »Ich seh mir auf keinem Foto ähnlich.«
»Mensch, dann sei doch froh«, meint Marianne.

*

An der Kinokasse.
»Halt! Stell dich hinten als Letzter an!«
»Geht nicht. Da steht schon einer.«

*

Das Konzert ist aus. Der Popstar kommt in die Garderobe, räuspert sich und verrät den anwesenden Fans:
»Übrigens, meine Stimme habe ich für eine Million versichern lassen.«
Fährt einer dazwischen:
»Und jetzt biste sauer, stimmt's? Weil die Versicherung nicht zahlen will.«

*

Mini-Monster Maike beschimpft ihre Freundin: »Wenn du eine Mücke verschluckst, dann hast du mehr Hirn im Bauch als im Kopf!«

*

Andy schwimmt im Hallenbad. Dabei hat er eine ganz geschwollene Backe.
»Mensch, du, das ist gefährlich. Da kannste dir was holen!«, warnt ihn einer.
»Ach Quatsch. Gestern haben sie mir meine Seife geklaut. Das passiert mir nicht mehr!«

*

Isidor ist stolz auf seine Englischkenntnisse.
»Können Sie Englisch?«, fragt er die Verkäuferin im Supermarkt.
»Ja, ein bisschen«, antwortet das Mädchen.
»Okay«, sagt Isidor, »dann geben Sie mir ein Soft-Eis.«

*

»Geh sofort vom Fernseher weg!«, ruft die ängstliche Mutti. »Siehst du nicht, dass der Ansager Schnupfen hat!«

*

»Warum ist im Bodensee so viel Wasser?«
»Damit es nicht staubt, wenn die großen Schiffe bremsen.«

Klausi soll schwimmen lernen.
Mit vereinten Kräften ziehen sie ihn durchs Wasser und brüllen ihm Tipps zu, bis alle heiser sind.
Dann wankt Klausi heraus und röchelt: »So, jetzt hören wir auf!«
»Aber warum denn?«
»Weil ich keinen Durst mehr habe!«, sagt Klausi mit letzter Kraft.

*

Julius möchte so gerne seine Freundin zum Essen einladen.
Aber es geht nicht.
Sie zählt immer die Kalorien zusammen. Und er zählt sein Taschengeld.

*

Zwei Tausendfüßler stehen vor dem Roxy-Kino und bewundern ein Plakat mit Marilyn.
»Tolle Beine hat die Kleine«, sagt der eine.
»Ja, aber so wenig«, antwortet der andere.

*

»Oma, darf ich dir wieder eine Schachtel Kopfwehpillen holen, wie gestern?«
»Was soll ich damit? So viel Kopfweh habe ich ja gar nicht.«
»Aber die Pillen passen genau in mein Luftgewehr.«

»Soll das eine ganze Portion Eis sein?«, mault Konny in der Eisdiele herum.
»Glaubst du, Knallkopf, du kriegst für einen Euro so viel Eis, dass du darauf Schlittschuh laufen kannst?«, pöbelt der Eismann zurück.

*

»Wir haben das tollste Haarwuchsmittel, das es gibt. Gestern habe ich ein paar Tropfen davon auf den Bleistift geschüttet. Heute können wir ihn als Zahnbüste benutzen!«

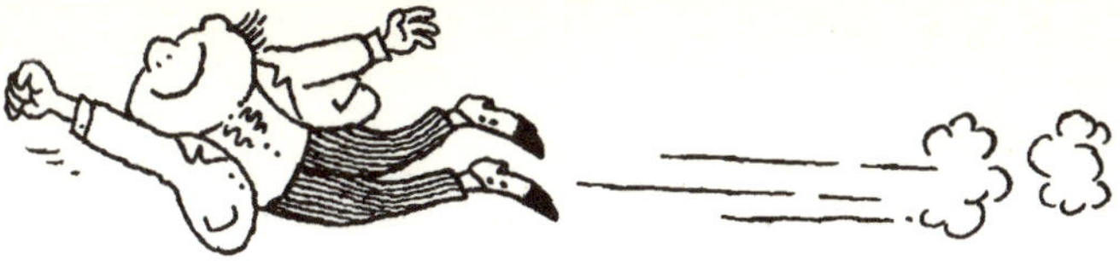

»Halt!«, ruft der Polizist und stoppt Otto mit seinem Moped. »So geht das nicht! Dein Nummernschild ist absolut unleserlich!«
»Das macht nichts«, sagt Otto. »Ich weiß es auswendig.«

*

»Du, wen soll eigentlich dieses Denkmal darstellen?«
»Irgend so einen Superschlauen. Wenn du's genauer wissen willst, musst du seine Nase rot ansprayen. Dann steht's morgen in der Zeitung.«

*

Matti kommt ins Haushaltswarengeschäft.
»Ich möchte einen Besen. Aber einen leicht verdaulichen!«
»Einen leicht verdaulichen Besen? Wozu das?«, fragt der Verkäufer.
»Ich habe eine Wette verloren«, sagt Matti.

*

Susi gibt an, wo sie nur kann.
»Heut Abend gehe ich zu einem amerikanischen Multimillionär zum Essen«, sagt sie und die Freundinnen platzen fast vor Neid.
Etwas später sieht man sie bei McDonald's.

*

»Alle Leute sagen, ich sei beknackt!«
»Wieso das?«
»Weil ich Spiegeleier so gerne mag.«
»Mag ich doch auch.«
»Mensch, toll. Dann komm mal zu mir und sieh dir meine Sammlung an!«

*

Gabrielchen schwärmt für Königin Elizabeth. Darum schreibt sie ihr jetzt einen Brief.
Und die Adresse?
Ganz einfach: »An Queen Elizabeth – aber nicht das Schiff.«

*

»Was machst du heute Abend?«
»Heute Abend schau ich mir die Mondfinsternis an.«
»Auf welchem Programm?«

*

»Gestern waren wir in der Staatlichen Münzgalerie«, brüstet sich Isidor. »Mensch, waren da tolle Neander-Taler zu sehen!«

*

»Findest du den Witz nicht gut?«
»Doch, doch. Als ich den zum ersten Mal gehört habe, bin ich fast aus dem Kinderwagen gekippt!«

Eine Party irgendwo.

»Also, weißt du. So eine Party ist schon eine verrückte Sache. Keiner kennt den anderen. Du gehst hin, bist nicht eingeladen. Frisst dich toll voll und verschwindest wieder«, sagt der eine.

»Du bist also nicht eingeladen?«, fragt der andere.

»Ich auch nicht.«

»Und wie bist du reingekommen?«

»Ganz einfach. Ich bin der Gastgeber.«

*

»Was sagen Sie dazu, Frau Kümmerlein? Die Familie über Ihnen züchtet seit Monaten Schafe in der Wohnung!«

»Gut, dass Sie mir das sagen. Und ich laufe schon seit Monaten zum Psychiater, weil ich immer Schafe blöken höre.«

Fritz und Peter haben Krach miteinander. Es lässt sich aber nicht vermeiden, dass sie sich plötzlich auf dem Gang gegenüberstehen.

»Ich weiche keinem Idioten aus!«, sagt Fritz und bleibt eisern stehen.

»Ich schon«, sagt Peter und macht dem anderen Platz.

*

Wer ein T-Shirt kauft, bekommt kostenlos seine Anfangsbuchstaben aufs Hemd gedruckt. Die Sache ist ein Renner. Nur eine will nicht.

»Warum nicht?«, wird sie gefragt.

»Ich heiße Winnie Carsten«, sagt sie traurig. »Und würde ständig mit einem WC herumrennen!«

Um ein Haar – unschlagbar

Der Trainer kann wieder einmal nicht genug kriegen.
»Trainer«, sagen sie. »Jetzt müssen wir aufhören. Man sieht ja nicht einmal mehr die Hand vor den Augen. So finster ist es.«
»Ihr Deppen!«, tobt der Trainer. »Wenn es finster ist, warum tut ihr dann noch die Hand vor die Augen?!«

*

In der Hölle wird es langweilig. Da ruft der Teufel im Himmel an und schlägt denen da oben ein Fußballspiel vor.
»Einverstanden«, meint Petrus. »Aber fairerweise muss ich dich darauf aufmerksam machen, dass alle ehemaligen Fußballprofis bei uns sind. Das waren nämlich ausnahmslos Heilige da unten.«
»Kann schon sein«, sagt der Teufel und grinst satanisch.
»Aber wir hier haben alle Schiedsrichter!«

*

»Eishockey und Boxen sind die schönsten Sportarten«, sagt ein Herr.
»Na ja«, sagt ein anderer, »wenn Sie meinen. Was sind Sie eigentlich von Beruf?«
»Zahnarzt.«

*

Ivo ist ein Diskuswerfer mit kleinen technischen Mängeln – sagt der Trainer.
Ivo trainiert und wieder einmal läuft es nicht so richtig.
Der Diskus entgleitet ihm, segelt übers Tribünendach, fliegt auf die Straße und in die Windschutzscheibe eines PKWs, ein Fernlaster muss bremsen, kommt ins Schleudern, rammt eine Tankstelle, diese explodiert. Katastrophenalarm für die Feuerwehr!
»Was soll ich jetzt tun?«, fragt Ivo seinen Trainer.
»Bei der letzten Drehung den Daumen nicht so weit abspreizen«, sagt der Trainer.

Philipp ist Segelflieger. Heute hat er den ersten Alleinflug.
»Dass du mir ja vorsichtig fliegst! Und immer schön langsam und nicht zu hoch, gell!«, sagt Mami zum Abschied.

*

»Sag mal, warum bist du denn so erledigt?«
»Wir haben Tennis gespielt. – Ein wahnsinniges Hinundhergerenne!«
»War's so schlimm?«
»Ja, wir hatten nämlich nur einen Schläger.«

*

In einer Trainingspause schreibt der Jogger sein Testament:
»Wenn ich tot bin, soll man mich einäschern, die Asche bitte ich in eine Sanduhr zu tun. Dort will ich weiterlaufen.«

*

Geländelauf im Regen, querfeldein. Und nachher ein Gedränge unter der Gemeinschaftsdusche.
Daheim sagen sie zum Fritz: »Mensch, dein linkes Bein ist ja noch total dreckig!«
»Mist!«, sagt Fritz. »Dann habe ich bei dieser Schubserei das Bein von einem anderen gewaschen!«

*

»Wie war ich?«, fragt der Torwart in der Kabine.
»Am letzten Sonntag warst du besser«, sagt man ihm.
»Aber am letzten Sonntag habe ich gar nicht gespielt«, meint er.
»Eben«, sagen die anderen.

*

»Wir haben einen in unserem Turnverein, der läuft die hundert Meter in 10,2!«
»Und wir haben einen, der läuft die hundert Meter in 7,2 Sekunden!«
»?«
»Er kennt nämlich eine Abkürzung!«

*

Weißt du . . .
. . . warum die Boxer so vornehme Leute sind?
Weil sie nur mit Handschuhen arbeiten.

*

»Mit diesem Schlauchboot kannst du doch nicht mehr ins Wasser! Das hat ja mindestens zwanzig Löcher!«
»Ach was, die Löcher sind doch alle unter Wasser. Die sieht ja niemand.«

*

Der schöne Rudi, unser Stürmerass, hat Muffensausen.
»Mensch, Trainer, morgen muss ich gegen den Vorstopper Eisenfuß spielen. Der Kerl tritt gegen alles, was sich bewegt!«
». . . dann bist du ja fein heraus!«, sagt der Trainer.

*

»Und wenn du dich nicht bald schneller bewegst«, der Trainer ist stocksauer, »dann mache ich dich zur Schnecke!«
»Meinen Sie, dass ich dann auf bessere Zeiten komme?«

*

Die Fallschirmspringerriege ist über dem Ziel angelangt. Mutig lassen sich die Boys aus der Maschine fallen. Nur einer will nicht.
Er sperrt sich mit Händen und Füßen, schlägt wild um sich. Was er brüllt, kann man bei dem Maschinenlärm nicht verstehen.
Aber der Trainer weiß schon, wie man mit solchen Feiglingen umgeht. Zwei, drei Griffe, ein kräftiger Schubs und schon ist der Kerl draußen.
Ein anderer, der zugesehen hat, lacht schallend.
»Über so einen Waschlappen kannst du noch lachen?«, meint der Trainer.
»Wieso Waschlappen? Ich lache, weil du unseren Piloten rausgeworfen hast.«

»Unsere Leichtathletikabteilung ist der müdeste Verein der Welt. Und von allen bist du der langsamste Schleicher!«

Der Trainer lässt an seinen Männern kein gutes Haar, so enttäuscht ist er.

»Trainer, das darfst du nicht sagen«, verteidigt sich Albin. »Hinter mir waren mindestens noch drei oder vier andere Läufer!«

»Ach Mensch! Das waren doch schon die vom nächsten Rennen!«

»Was ist dein Bruder?«

»Berufsboxer.«

»Aha, darum macht er immer einen so niedergeschlagenen Eindruck!«

*

Weißt du . . .

. . . auf welcher Seite des Körpers sich das Herz befindet?

Auf der Innenseite.

*

Sechsmal Fliegen:

Wenn hinter Fliegen Fliegen fliegen, fliegen Fliegen Fliegen nach.

*

Großes Fußballmatch. Der schöne Rudi, unsere Sturmspitze, bekommt eine vors Schienbein geknallt.

Zuerst rollt er fünfmal um die eigene Achse, dann krümmt er sich eindrucksvoll am Boden, zuletzt humpelt er mit leidender Miene vom Platz.

»Jetzt weiß ich nicht«, sagt der Trainer, »soll ich die Sanitäter rufen oder einen Theaterkritiker.«

*

»Der Sponsor unseres Fußballklubs hat dem Tormann einen Sondervertrag mit 10 000 Euro Prämie angeboten.«

»Unfassbar!«

»Ja, aber nur, wenn er zum Lokalrivalen überwechselt.«

Es sollte der erste Schritt werden weg vom Tabellenende. Und wieder ging's schief. Sie kassierten eine haushohe Niederlage. Und schuld war natürlich wieder einmal nur der Schiedsrichter.
Der schöne Rudi, unser Stürmerass, tobt: »Diesen Typen trete ich in den Hintern!«
»Lass das«, meint der Trainer. »Du triffst ihn ja doch nicht!«

*

Rocky Rambo, der Superschwergewichtsweltchampion, kommt nach Süditalien.
Ob er Palermo kenne, wird er am Flughafen gefragt, und was er zu Palermo sage.
»Palermo? Noch nie gehört!«, ruft Rocky Rambo. »Aber sagen Sie dem Burschen, wer er auch ist, in der zweiten Runde schicke ich ihn auf die Bretter!«

*

Länderspiel. Alle Karten sind verkauft und noch viel mehr. 80 000 Leute passen ins Stadion, 160 000 waren drin.
»Und, wie war das Spiel?«, wird einer der glücklichen Kartenbesitzer gefragt.
»Keine Ahnung. Ich stand irgendwie verkehrt herum und hatte nicht mal die Chance, mich umzudrehen.«

*

Die Fallschirmjäger segeln durch die Luft.
Einer brüllt: »Mein Fallschirm geht nicht auf! Mein Fallschirm geht nicht auf!«
»Reg dich nicht auf!«, ruft ihm ein Kumpel zu. »Das macht nichts. Das ist ja heute nur eine Übung!«

*

Charly ist zu den Kunstkletterern gegangen. Aber dann ist er aus der Wand gefallen und nun liegt er im Bett.
»Fünf Meter tief gefallen«, berichtet er seinen Besuchern.
»Auweia! Fünf Meter tief fallen. Das muss ganz schön schmerzhaft sein!«
»Das Fallen eigentlich nicht. Aber die Ankunft unten«, verrät Charly.

*

Conny stürzt ins Restaurant des Segelklubs.
»Ich brauch sofort was zu essen! Ich muss schnell wieder weg!«, ruft er schon unter der Tür.
»Ja, dann nehmen Sie mal diese Fischbrötchen. Die müssen auch schnell weg!«, meint der Ober.

Toho Bu Waha und andere scharfe Typen

Willibald, der Großwildjäger, hat wieder einmal nichts getroffen. Ziemlich blamabel, die Sache. Aber wozu gibt's Wildhandlungen.
Er kommt also heim und wirft einen Hasen auf den Tisch.
»Tolles Exemplar, oder?«, tönt er.
»Ja, schon. Aber der ist ja schon abgezogen!«
»Den Kerl hab ich beim Baden erwischt!«
»Und er hat sogar ein Preisschild um den Hals!«
»Quatsch, das ist die Nummer seiner Badekabine!«

*

»Nächste Woche werden Sie mit Lobreden und Blumen überhäuft werden«, sagt der Wahrsager Manix zu einem Kunden.
»Das kann ich mir nicht vorstellen«, entgegnet der Kunde.
»Ich hab weder Geburtstag noch irgendein Jubiläum.«
»Und trotzdem können Sie mir das glauben«, antwortet der Wahrsager Manix. »Das ist nun einmal so bei einer Beerdigung.«

*

Willibald, der Großwildjäger, weiß jetzt, wie er's macht:
Wenn er wieder in die Wüste geht, zieht er einen Matrosenanzug an. Dann glauben die Löwen, er ginge zum Angeln, und passen nicht auf.

Willibald, der Großwildjäger, geht auch zu Hause auf die Jagd. Nur so zur Übung.

Aber auch dort trifft er nichts.

Mit einer Ausnahme. Neulich hat er einen Treiber angeschossen.

»Aber wenigstens hieß der Mann Fuchs«, sagt Willibald.

*

»Über Ihrem Laden steht: ›An- und Verkauf‹. Was kaufen Sie?«

»Alles alte Gerümpel.«

»Und was verkaufen Sie?«

»Wertvolle Antiquitäten.«

*

Willibald, der Großwildjäger, knattert durch die Wüste, drei Tage schon. Allmählich bräuchte er eine Kneipe oder mindestens eine Oase. Die Zunge klebt nämlich schon am Gaumen.

Da trifft er einen Beduinen.

»Guten Tag, Herr Beduine«, sagt Willibald. »Wie weit ist es noch bis zur nächsten Oase?«

»Da fährst du in diese Richtung.« Der Wüstensohn deutet irgendwohin. »Und zwar immer geradeaus. Am Donnerstag dann biegst du links ab . . .«

In einer Bar in Afrika hocken drei kernige Farmer, braun, in Khaki-Anzügen, und saufen.
Da geht die Tür auf und ein winziger Wicht erscheint. Winzig, aber auch kernig, braun und im Khaki-Anzug. Jedoch wie gesagt winzig klein, keine dreißig Zentimeter hoch.
Er klettert auf einen Barhocker und bestellt einen dreifachen Whisky.
Da sagt einer von den anderen: »Joe, jetzt erzählst du uns mal, wie das genau war, als du den Medizinmann Toho Bu Waha einen alten Volltrottel genannt hast!«

Willibald latscht mit einem Jagdfreund durch Afrika. Großwildjagd ist angesagt. Plötzlich stehen sie vor der Spur eines Löwen.
»Es wird das Beste sein, wir trennen uns«, sagt der Jagdfreund, »und jeder sucht den Löwen auf eigene Faust.«
»Okay«, meint Willibald. »Du stellst fest, wohin er gegangen ist, und ich sehe nach, woher er kam!«

*

Der Jahreskongress der Wahrsager musste wegen unvorhergesehener Ereignisse abgesagt werden.

*

Safariteilnehmer Großkotz verkündet: »Ich fahre mit einem Landrover durch die Wüste und jage Löwen.«
»Und was tust du, wenn dich einer verfolgt?«
»Ich verwirre ihn.«
»Und wie?«
»Ganz einfach. Ich blinke links – und biege nach rechts ab.«

*

»John!«, sagt der Lord zum Butler. »John, treiben Sie die Fische unter die Zugbrücke. Es beginnt zu regnen!«

*

Große Fernsehsensation. Sie haben es herausgebracht: Toho Bu Waha ist der älteste Mensch der Welt!

Riesenpalaver deshalb, in »Wetten dass« soll er vorgestellt werden.

Aber die Fernsehfritzen warten vergeblich. Toho Bu Waha ist verhindert. »Kann nicht kommen«, telegrafiert er. »Mein Opa ist schwer erkrankt.«

Der Medizinmann Toho Bu Waha saß am Ufer des Simsalabesi und schaute in die Wolken. Er wäre ganz glücklich gewesen, wenn nicht ein weißer Mann gekommen wäre und begonnen hätte zu reden.
»Schau«, sagte er, »das geht doch nicht. Da hockst du nun und schaust in die Wolken und tust gar nichts. Du musst arbeiten und Geld verdienen. Viel Geld. Dann kaufst du dir ein Auto, später ein Haus. Und du arbeitest immer mehr. Du baust dir eine Fabrik, stellst Arbeiter ein, die arbeiten dann für dich. Und wenn du alt bist, dann hast du so viel Geld beisammen, dass du dir ein schönes Leben machen kannst. Du brauchst dann nichts mehr zu tun, kannst dich ans Ufer des Simsalabesi setzen und in die Wolken schauen . . .«
Da stand Toho Bu Waha auf, holte seinen Zauberstab und verwandelte den weißen Mann in ein Rhinozeros, denn er wollte seine Ruhe haben.

*

Der Medizinmann Toho Bu Waha sitzt wieder einmal am Simsalabesi. Da tippt ihm ein Weißer auf die Schulter und fragt: »Sag mal. Hast du gesehen großes silbernes Vogel mit große, große Flügel, das machen brrrrr?«
»So was ist nicht vorbeigekommen. Aber fragen Sie drüben am Airport, wo die Düsenflugzeuge landen. Vielleicht können die Ihnen weiterhelfen!«

Der neue Butler bringt seiner Lordschaft den Tee.

»Ich kenne Sie doch«, sagt der Lord. »Waren Sie einmal in Afrika?«

»Bedaure, nein, Euer Lordschaft.«

»Oder in Indien?«

»Bedaure, nein.«

»Oder in Neuguinea?«

»Bedaure, auch nicht.«

»Warten Sie, jetzt weiß ich, woher ich Sie kenne. Sie haben mir soeben den Tee gebracht!«

»Sag mal, bist du wahnsinnig? Wie kannst du dem Wahrsager Manix hundert Euro geben!«
». . . wenn er es mir doch vorausgesagt hat!«

*

Willibald möchte nach Afrika, um dort Löwen totzuschießen, bekommt aber Bedenken.
»Stimmt es«, fragt er einen erfahrenen Abknaller, »dass einem die Löwen nichts tun, wenn man eine brennende Fackel in der Hand trägt?«
»Na ja«, bekommt er zur Antwort. »Das kommt ganz darauf an, wie schnell man diese brennende Fackel trägt.«

*

Toho Bu Waha sitzt schweigend am Simsalabesi.
Nach sechs Wochen kommt ein Stammesbruder vorbeigeritten, ruft zur Begrüßung »Howgh!« und reitet weiter.
Nach drei Stunden sagt Toho Bu Waha verächtlich: »Schwätzer!«

*

Eine Gruselgeschichte:
Der letzte Mensch sitzt in seiner Hütte. Draußen heult der Sturm. Der Regen peitscht an die Fensterläden. Da klopft es an die Tür . . .

Der Medizinmann Toho Bu Waha kommt in einen Zirkus und möchte den Direktor sprechen.

»Ich habe tolle Nummer«, sagt Toho Bu Waha.

»Können alle Vögel nachmachen.«

»Alter Hut.« Der Direktor schüttelt den Kopf und sagt, dass er keine Zeit mehr habe.

»Is r echt«, sagt Toho Bu Waha und fliegt zum Fenster hinaus.

Sigrid will ihre Zukunft wissen und geht zum Wahrsager Manix.
»Gib mir deine rechte Hand«, sagt Herr Manix und beginnt aus der Handfläche zu lesen:
»Ich sehe dunkle Mächte über deinem Haupt. Man wird dich erst einmal mästen, dann zum Schlachthof fahren, dann kommt ein dicker Kerl mit einem Beil . . .«
»Halt, halt«, ruft Sigrid, »darf ich erst einmal meinen Lederhandschuh ausziehen?«

*

»Mylord«, sagt der Butler. »Sie liegen verkehrt herum im Bett!«
»Gut, dass Sie das sagen, James«, antwortet der Lord.
»Ich dachte schon, ich litte an Kopfweh. Und nun sind es Gott sei Dank nur die Beine.«

*

Ein Polizist hat den Medizinmann Toho Bu Waha verhaftet. Er soll Tropfen verkauft haben, die das Altwerden verhindern. Vor Gericht stellte sich dann heraus, dass Toho Bu Waha schon öfters wegen des gleichen Delikts vor dem Richter stand, und zwar in den Jahren 1790, 1830, 1895 und 1904!

*

Willibald, der Großjäger, kann nicht mehr. Der Sand, die Sonne und der Durst!
»Wäre ich doch daheim geblieben!«, haucht er.
»Jetzt hör auf zu meckern«, sagt sein Kumpel.
»Wenigstens haben wir schönes Wetter!«

*

»Wie schreibt man ›Saxofon‹?«
»Das schreibt man nicht. Das bläst man.«

*

Toho Bu Waha, der Medizinmann, besucht Europa. Als er wieder daheim ist, erzählt er:
»Toll, diese Leute dort. Und wie die Regen machen. Unwahrscheinlich. Da laufen zweiundzwanzig Mann auf einen Platz und hüpfen wie wild um einen Lederball herum. Und, was soll ich euch sagen, nach einer halben Stunde regnet es tatsächlich!«

*

Der Wahrsager Manix trifft seinen Kollegen Astrofix.
»Einen herrlichen Herbst haben wir diesmal«, sagt Astrofix, »finden Sie nicht auch?«
»Ja«, sagt Manix. »Genau wie der Herbst im Jahre 2071!«

*

»Sind Sie sicher, dass dieser alte Schrank wirklich aus England stammt?«, fragt der Lord.
»Oh yes, Mylord«, antwortet der Butler. »Die Holzwürmer sprechen alle ein tadelloses Englisch.«

*

Weißt du . . .
. . . vor wem jedermann den Hut abnimmt?
Vor dem Friseur.

*

»Wie viel Geld hast du zur Verfügung?«, fragt Wahrsager Manix.
»Zwanzig Euro«, sagt Hubert.
»Dann kannst du mir zwei Fragen stellen.«
»Ist das nicht ein bisschen wenig für das Geld?«
»Nein«, sagte der Wahrsager. »Das war also eine Frage. Und nun die zweite.«

*

Für scharfe Denker:
Was flattert durch die Luft und funkelt in der Sonne?
Ein Schmetterling mit Goldzahn.

*

Der Schotte McKnauser ist in allerschlechtester Stimmung. Weihnachten kommt heran und überall im Haus hocken die Kinderchen herum und warten auf Geschenke.
Da hat McKnauser eine Idee.
Er nimmt die Jagdflinte, geht vors Haus und ballert einmal kräftig in die Nacht hinaus.
Dann kommt er wieder herein und sagt: »Kinderchen, ich hab eine ganz traurige Nachricht für euch. Soeben hat sich der Weihnachtsmann erschossen!«

*

Was ist ein Lama?
Ein Mann, der sein Knie nicht abbiegen kann.

Die Filmheinis drehen am Simsalabesi.
Natürlich brauchen sie immer gutes Wetter. Und da haben sie eine tolle Masche.
Sie gehen zum Medizinmann Toho Bu Waha. Und der weiß immer, wie das Wetter morgen wird und ob sie drehen können.
Nur einmal haut es nicht hin.
»Ich weiß es nicht«, sagt Toho Bu Waha.
»Aber das gibt's doch nicht! Warum denn nicht?«
»Mein Radio ist kaputt«, sagt Toho Bu Waha.

*

Der Wind heult um das alte Schloss. Die Uhr zeigt Mitternacht. Es knarrt im Gebälk. Und der alte, klapprige Diener führt den Gast auf sein Zimmer.
»Hat es hier in letzter Zeit vielleicht merkwürdige Dinge gegeben?«, fragt der Gast ängstlich.
»In letzter Zeit? Und merkwürdig? Warten Sie mal«, sinniert der Diener. »Ja, doch. Vor dreißig Jahren kam einmal ein Gast wieder lebend aus diesem Zimmer heraus.«

*

»Sag mal, du siehst heute so blass aus. Bist du krank?«
»Nein. Nur sauber.«

*

Der Herr Oberamtsvorsteher war recht lange aus gewesen, hat eventuell etwas Unrechtes gegessen und wahrscheinlich wieder viel zu viel getrunken.
Jedenfalls muss er daheim seiner lieben Ehefrau gestehen, dass ihm schlecht sei, furchtbar schlecht sogar. Und dass er dringend einen Spucknapf brauche.
»Minni!«, ruft die Frau Oberamtsvorsteher zum Stubenmädchen auf den Gang hinaus. »Minni, bringen Sie den Spucknapf! Dem Herrn Oberamtsvorsteher ist schlecht.«
Während Minni noch im Abstellraum nach dem Spucknapf sucht, ertönt die Stimme der Frau Oberamtsvorsteher ein zweites Mal: »Minni! Jetzt können Sie gleich eine frische Unterhose bringen. Der Herr Oberamtsvorsteher hat umdisponiert.«

*

Kennst du . . .
. . . den Unterschied zwischen einem Heuwagen und einer Zigarette?
An einem Heuwagen ziehen zwei Ochsen.

*

Weißt du . . .
. . . was man können muss, wenn man seinem Hund etwas beibringen möchte?
Mehr als der Hund!

Weißt du . . .

. . . was ein Optimist ist?

Das ist einer, der auf einen anderen Kanal umschaltet, wenn ihn das Fernsehprogramm anödet.

Meister, Macker, Chefs und Gruftis

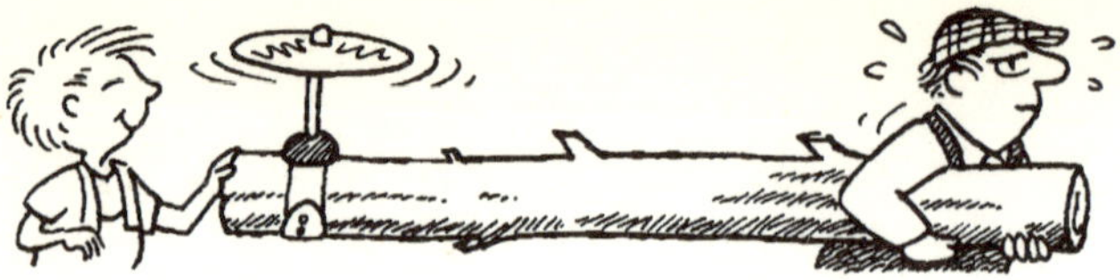

Jedes Mal am ersten Tag eines Monats kommt Herr Honal in das Uhrengeschäft und fragt nach der genauen Zeit. Dann dankt er und geht wieder.
Nach vielen Jahren fragt ihn der Uhrmacher: »Jetzt würde mich interessieren, wozu Sie die genaue Zeit brauchen, Herr Honal?«
»Ich betätige die Sirene, die jeden Freitag um zwölf Uhr der Stadt die genaue Zeit verkündet«, sagt Herr Honal.
»Das ist aber seltsam«, antwortet der Uhrmacher. »Und wir stellen seit Jahren unsere Uhren nach der Sirene, die am Freitag um zwölf Uhr die genaue Zeit angibt!«

*

Charlie hat ein Kaugummi-Center eröffnet und hofft auf diese Weise reich zu werden.
»Na, wie geht dein Laden?«, wird er gefragt.
»Danke, es geht. Gestern Vormittag war schon einer da. Dann allerdings wurde es etwas ruhiger.«

*

»Warum kommst du erst jetzt?«, faucht der Chef den Azubi an.
»Weil Sie gestern gesagt haben, ich solle meinen Sportkurier zu Hause lesen.«

*

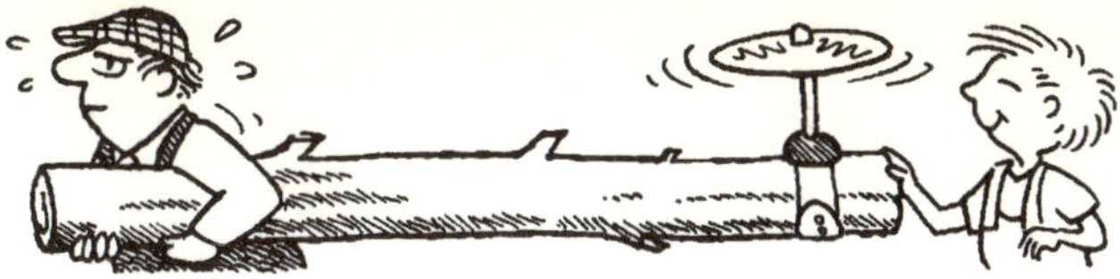

»Diesen Mantel«, sagt der Verkäufer, »können Sie das ganze Jahr über tragen!«
»Ja, und im Sommer, wenn es recht heiß ist?«
»Dann tragen Sie ihn einfach über dem Arm!«

*

»Herr Lehrer, Sie wollten uns heute doch etwas vom menschlichen Gehirn erzählen!«
»Das geht jetzt nicht. Ich habe ganz andere Dinge im Kopf!«

*

»Wie heißt du?«
»Pause.«
»Dann kann ich dich leider nicht einstellen.«
»Wieso?«
»Wenn ich dich rufe, hören alle zu arbeiten auf.«

*

Der Leuchtturmwächter bekam einen blauen Brief. Nur einer dummen Angewohnheit wegen wurde er entlassen. Er war von klein an gewöhnt, vor dem Schlafengehen das Licht auszumachen.

*

»Wenn ich sechs Richtige im Lotto habe, höre ich auf zu arbeiten.«
»Und wenn ich drei Richtige habe, arbeite ich nur noch halbtags.«

*

»Todsichere Chance! Der sichere Weg zum Reichtum. Senden Sie uns 50 Euro – und Sie erhalten die nötigen Informationen!«
So liest es Dean in der Zeitung und denkt: Da wäre ich ja schön blöd, wenn ich nicht hinschreiben würde. Wie verlangt, schickt er die 50 Euro, und richtig, bald hat er die Antwort. Sie lautet:
»Geben Sie ein Inserat in der Zeitung mit folgendem Text auf: ›Todsichere Chance! Der sichere Weg zum Reichtum. Senden Sie uns 50 Euro – und Sie erhalten die nötigen Informationen!«

*

»Und Sie glauben, dass ich mit dieser Creme alle Runzeln in meinem Gesicht wegbringe?«, fragt Frau Emmerich.
»Klar doch«, sagt der Straßenverkäufer. »Mit dieser Creme machen sie drüben bei Mannesmann sogar ihr altes Wellblech wieder glatt!«

*

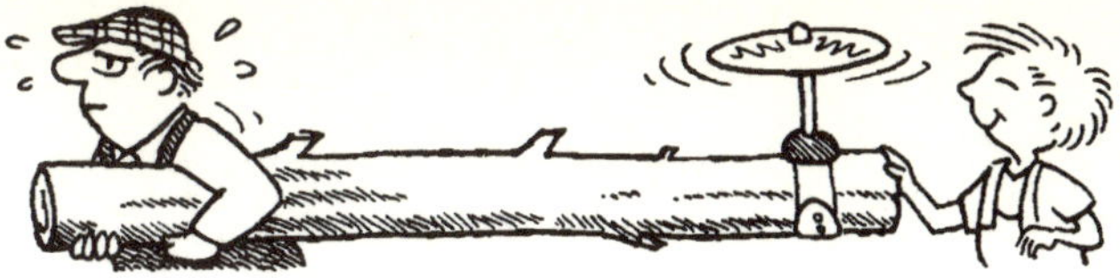

Sigi steht vor dem Personalchef der großen Firma.
»Sie haben sich also bei uns als Nachtwächter beworben«, sagt der Personalchef. »Welche Voraussetzungen bringen Sie mit für diesen Job?«
»Ich wache beim geringsten Geräusch auf«, sagt Sigi.

*

Ein Marktschreier in der Fußgängerzone:
»Dies, meine Herrschaften, ist der Büchsenöffner des Jahrtausends! Lassen Sie sich die Gelegenheit nicht entgehen! Dieser Büchsenöffner ist nicht kaputtzukriegen. Sie können ihn auf den Boden fallen lassen. Sie können ihn vier Wochen im Wasser liegen lassen. Sie können ihn aus dem zehnten Stock auf die Straße werfen, können mit einem Lastwagen drüberfahren . . .«
»Kann man damit auch Büchsen öffnen?«, kommt eine Stimme aus dem Kreis der Zuhörer.

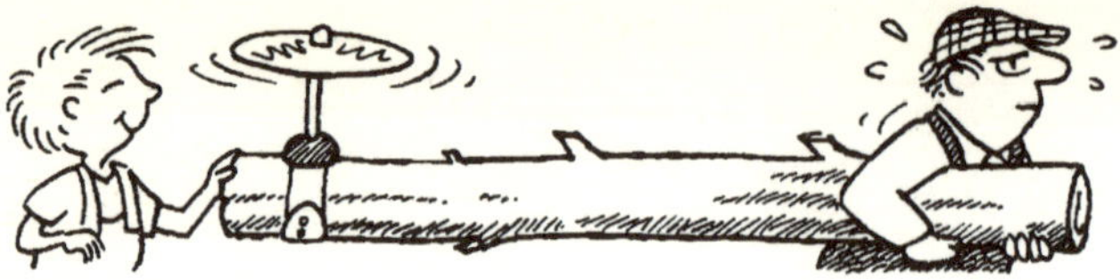

»Weißt du, wo mein Bleistift steckt?«, fragt ein Beamter seinen Kollegen.
»Ja, hinter deinem Ohr!«
»Mensch, mach die Sache nicht so kompliziert! Hinter welchem?«

*

»Was kannste auf deiner Gitarre spielen?«
»Alles.«
»Gut, dann spiel mal Klavier!«

*

»Na, Herr Meier, was sagen Sie eigentlich zu unserem neuen Bundeskanzler?«
»Oh, ein großartiger Mann! Er hat es geschafft, wieder Ruhe und Harmonie in unsere Familie zu bringen.«
»Was Sie nicht sagen! Und wie das?«
»Seit wir den haben, rennen unsere Kinder dauernd auf der Straße herum, um gegen ihn zu demonstrieren.«

*

Die Polizeidirektion hat endlich eine Methode erdacht, wie Massenansammlungen ohne Knüppelei zu zerstreuen sind. Bei Zusammenrottungen bekommen die Polizisten Sammelbüchsen und müssen für das Rote Kreuz sammeln.

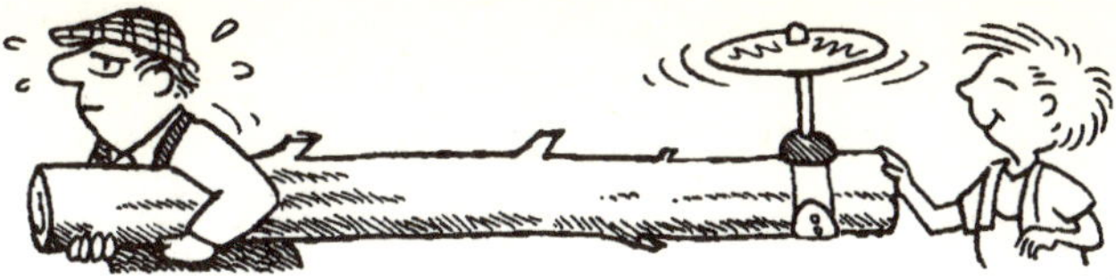

»Ich brauche eine Empfehlung für Sie«, sagt der Personalchef. »Haben Sie eine Empfehlung?«
»Ja.«
»Und wer hat Sie empfohlen?«
»Mein früherer Chef.«
»Das ist gut. Und was hat er gesagt?«
»Ich solle mich schnellstens nach einer anderen Stelle umschauen.«

*

»Mädchen, Mädchen!«, meint der Chef zu seiner neuen Sekretärin. »Du willst auf der Realschule gewesen sein und schreibst Physik mit F!«
»Ja, weil auf dieser blöden Schreibmaschine das V kaputt ist!«

*

»Herr Postbote, ich habe Sie schon ganz, ganz lange nicht mehr gesehen. Wo haben Sie gesteckt?«
»Ja, wissen Sie, Frau Kümmerle, ich bin die Treppe heruntergefallen und habe drei Wochen gelegen.«
»Schrecklich, schrecklich! Und da ist niemand vorbeigekommen, um Sie aufzuheben?«

*

Der Pfarrer versucht den Schülern zu erklären, was ein Wunder ist.
»Wie nennt man eine Handlung, bei der Wasser in Wein verwandelt wird?«, fragt er.
»Weinhandlung«, bekommt er zur Antwort.

*

»So was Blödes wie meine Sekretärin ist mir noch nicht begegnet!«, schimpft der Chef. »Die weiß rein gar nichts. Dauernd fragt sie ›Wie schreibt man dies?‹ ›Und wie schreibt man das?‹. Und ich muss ständig im Duden nachschlagen!«

*

Wieder einmal dreht der Alte durch.
Am Montag früh kommt er in die Werkstatt und brüllt:
»Was haben Sie heute für einen Wochentag? He?«
»Montag, Chef.«
»Montag, Soso. Heute ist also Montag. Und morgen ist Dienstag. Übermorgen schon Mittwoch, dann kommt der Donnerstag, dann der Freitag – die ganze Woche ist so gut wie vorbei! Und nichts, absolut nichts ist gearbeitet worden!«

*

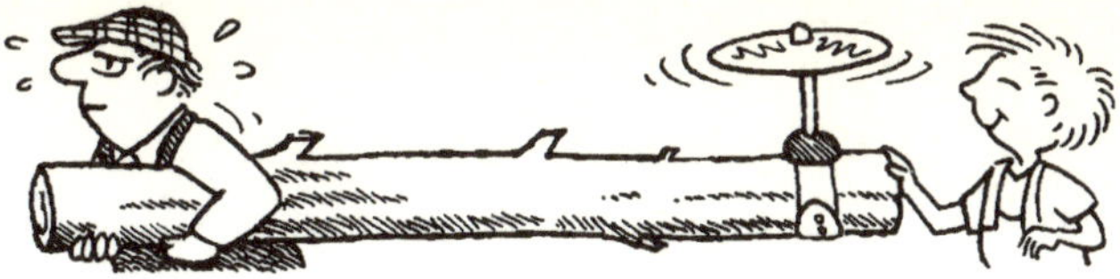

Weißt du . . .

. . . warum die Freiheitsstatue in New York steht?

Weil sie sich nicht hinsetzen kann.

*

Willy und Billy haben einen Traumjob bei der Post gekriegt. Man vertraut ihnen einen Laster mit Telegrafenstangen an. Sie sollen die Stangen eingraben und aufstellen. Ende der Woche sind sie wieder zurück.

»Seid ihr fertig geworden?«, fragt der Boss.

»Leider nicht ganz«, sagt Willy. »Aber fast. Nur drei von den Stangen schauen noch zur Hälfte aus der Erde heraus.«

*

»Und was macht dein Vater?«

»Er ist bei der Post und stempelt den ganzen Tag Briefe.«

»Ist das nicht schrecklich langweilig?«

»Überhaupt nicht. Wir haben ja jeden Tag ein anderes Datum.«

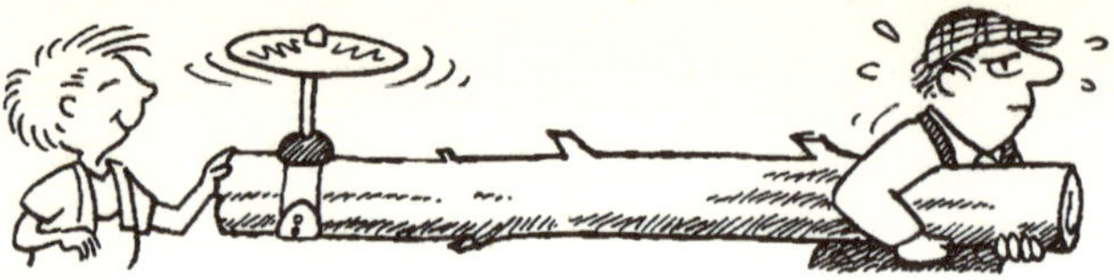

Karli geht mit seinen Eltern spazieren.
»Papa, schau, was ist das für ein Baum?«, fragt er.
»Das weiß ich nicht«, sagt Papa.
»Papa, wie viele Volt hat so eine Hochspannungsleitung?«, will Karli dann wissen.
»Weiß ich nicht«, sagt Papa.
»Papa, wie viel Sprit verbraucht so ein Flugzeug in der Stunde?«, fragt Karli.
»Keine Ahnung«, sagt Papa.
»Karli, jetzt lass doch den Papa endlich in Ruhe«, sagt die Mutter schließlich.
Aber da protestiert der Papa: »Lass den Jungen doch fragen! Sonst lernt er ja nie etwas!«

*

Der Chef ist ausnahmsweise gut bei Laune. Darum lässt er Witz um Witz vom Stapel und das ganze Büro biegt sich vor Lachen.
Nur einer nicht, der Karli. Er hockt da und verzieht keine Miene.
»Mensch, haste denn gar keinen Humor?«, wird er gefragt.
»Humor schon. Aber hier höre ich am nächsten Ersten auf«, antwortet er.

*

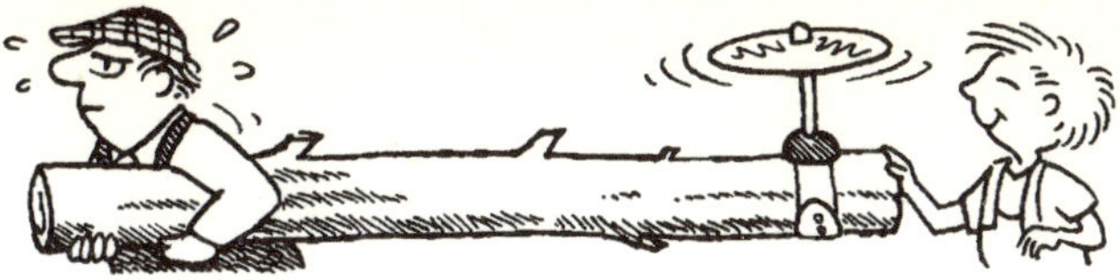

Wenn es schon Gabelstapler gibt . . .
. . . warum gibt es keine Messer- und Löffelstapler?

*

Der Meister tobt: »Du spinnst wohl! Mitten während der Arbeit zu rauchen!«
»Ich arbeite ja gar nicht«, antwortet Franz gekränkt.

*

»Ich geh nicht mehr in die Schule«, meint Theodor. »Ich werde nämlich später einmal Lehrer. Dann bring ich mir das ganze Zeug selber bei. Klar?«

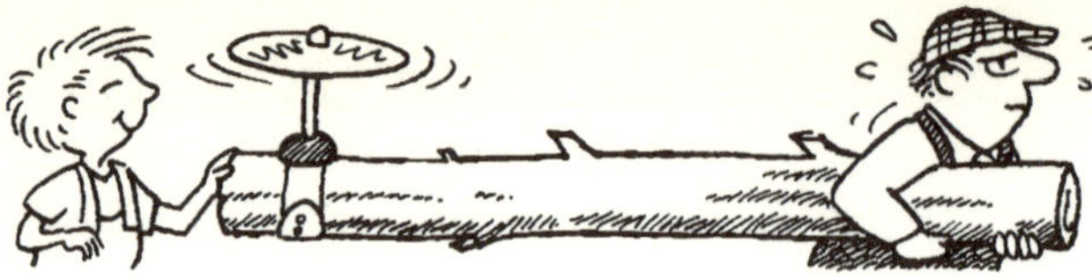

Sie bauen und werkeln an einem Kamin. Er soll vierzig Meter hoch werden.
Da kommt der Polier gelaufen. Schon von weitem brüllt er: »Halt, halt! Aufhören!«
Und als er an der Baustelle angelangt ist, sagt er:
»Leute, das ist totaler Schwachsinn. Ich hab den Plan verkehrt herum gehalten. Das soll ja ein vierzig Meter tiefer Schacht werden!«

*

»Omilein, du bist die Allerallerallerbeste!«, beteuert Pützchen. »Und wenn ich später einmal ein Kind habe, dann werde ich es Omilein nennen!«

*

»Wer ist in eurer Familie der Musikalischste?«
»Helmut.«
»Singt er am schönsten?«
»Nö, der haut sofort ab, wenn die anderen zu singen anfangen.«

*

»Sag mal, du hältst mich wohl für einen vollkommenen Blödmann«, sagt Klausi zu seiner Schwester.
»Also, eines wollen wir gleich einmal feststellen«, antwortet die Schwester. »Vollkommen ist auf dieser Welt niemand!«

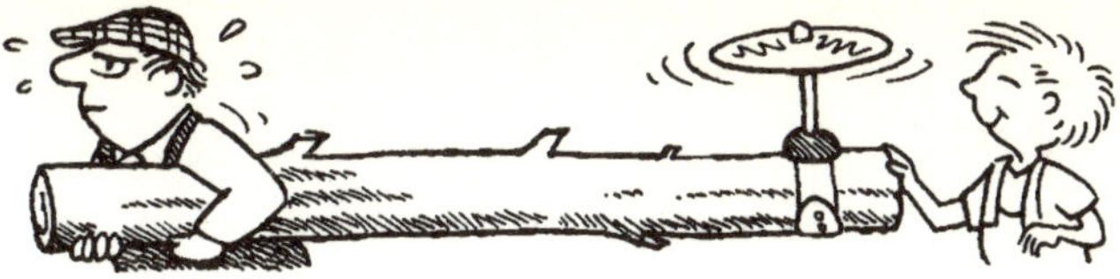

Wieder einmal hat es im Schulhof eine Riesenrauferei gegeben.

Und wie immer suchen die Lehrer den, der angefangen hat.

Nicht ohne Grund wird Charlie gefragt, was denn los war.

»Also, es begann damit«, erklärt Charlie, »dass der Beierlein zurückgeschlagen hat . . .«